PROJET

D'UNE GRANDE INSTITUTION A FONDER A PARIS

POUR FAVORISER LE DÉVELOPPEMENT

DE

L'INDUSTRIE

ET

DU COMMERCE FRANÇAIS

PAR

CHARLES MEUNIER

PARIS

IMPRIMERIE BALITOUT, QUESTROY ET Ce,

7, RUE BAILLIF ET RUE DE VALOIS, 18

1866

UNION MANUFACTURIÈRE

DE FRANCE

PROJET

D'UNE GRANDE INSTITUTION A FONDER A PARIS

POUR FAVORISER LE DÉVELOPPEMENT

DE

L'INDUSTRIE

ET

DU COMMERCE FRANÇAIS

PAR

CHARLES MEUNIER

PARIS

IMPRIMERIE BALITOUT, QUESTROY ET Ce,

7, RUE BAILLIF ET RUE DE VALOIS, 18

1866

PROJET

D'UNE GRANDE INSTITUTION A FONDER A PARIS

POUR FAVORISER LE DÉVELOPPEMENT

DE L'INDUSTRIE ET DU COMMERCE

FRANÇAIS

I

L'industrie française est la première parmi les industries du monde entier; les différentes expositions nationales l'ont constaté. Cependant la lutte des produits français avec ceux d'autres pays, sur les différents marchés européens et surtout sur les marchés lointains, est difficile encore et ne tourne pas toujours à l'avantage de la France.

Une des principales causes de cet inconvénient est peut-être la cherté relative des marchandises exportées.

Est-ce à dire, cependant, que la France ne puisse pas produire à aussi bon compte que les pays voisins, et particulièrement..... *l'Angleterre?*

Il est hors de doute que la France possède beaucoup des matières premières qui alimentent son industrie, et quelle peut se procurer celles qui lui manquent aussi facilement que les autres pays peuvent le faire. Le prix de la main-d'œuvre. s'il y est plus cher que là où l'activité nationale est moins grand, est toutefois inférieur à celui de la main-d'œuvre en Angleterre.

De jour en jour, la question des salaires des ouvriers tend à prendre moins de place dans le prix de revient des marchandises manufacturées, car l'emploi des machines de plus en plus ingénieuses réduit le travail manuel des hommes salariés à un rôle moins important.

Mais il faut convenir qu'il manque à l'industrie française cette force d'expansion que l'industrie anglaise a su conquérir. Les plus utiles efforts qu'il s'agit de faire sont ceux qui auront pour but d'acclimater les produits français sur les différents marchés du monde.

Il faut faire accepter aux populations étrangères les perfectionnements introduits dans les différentes fabrications, et vaincre chez elles cette routine qui les fait s'adresser toujours aux mêmes producteurs pour les marchandises qu'elles consomment.

Dans la situation actuelle des choses, le manufacturier français attend l'acheteur chez lui. Voulût-il faire autrement, il ne le pourrait pas; car, si d'aventure un fabricant se proposait de mettre ses produits manufacturés à la portée des consommateurs des différents pays, il lui faudrait employer des sommes excessivement considérables, en disproportion avec les moyens individuels.

D'ailleurs, les risques inhérents à toute affaire commerciale seraient pour lui si grands que ce serait folie de s'y exposer.

En conséquence, les manufacturiers doivent forcément ne vendre leurs produits qu'aux négociants exportateurs ou aux commissionnaires qui, forcés les uns et les autres de courir des risques graves, ne peuvent pas se borner à obtenir de leurs opérations un petit bénéfice ou une commission peu considérable.

Pour eux, il faut que chaque affaire leur donne un grand profit, juste compensation des risques auxquels ils s'exposent.

Voilà pourquoi les marchandises arrivent aux mains des consommateurs de beaucoup enchéries.

Cette cherté des prix, qui est un empêchement grave à l'acclimatation des produits français sur les marchés étrangers, n'est pas le seul inconvénient qu'il y ait à déplorer.

Parmi les négociants et les commissionnaires exportateurs, d'aucuns ne pouvant pas vendre les marchandises françaises à des prix analogues à ceux des marchandises similaires des autres pays, livrent souvent des qualités inférieures au lieu des bonnes.

Le consommateur, trompé dans son attente, attribue aux fabricants français des torts qui, le plus souvent, sont le fait des intermédiaires.

On ne saurait disconvenir que l'industrie française a subi jusqu'à présent et subit encore l'influence fâcheuse de tels actes, et que le commerce d'exportation n'a pas en France un développement analogue au commerce de l'Angleterre.

Cette infériorité relative ne saurait durer indéfiniment si les manufacturiers français, soucieux de leurs propres intérêts et de la bonne renommée de leur pays, se décident à la faire cesser, autant qu'il est en leur pouvoir de le faire.

Solliciter du Gouvernement des lois pénales nouvelles contre ceux, qui par leurs actes déloyaux, déshonorent le commerce français et nuisent à ses véritables intérêts, serait chose parfaitement inutile.

Ces bonnes lois sont faites, et celles qu'on peut faire encore seront souvent inefficaces, car les preuves de culpabilité de faits commis à l'étranger sont très-difficiles à obtenir; il est d'ailleurs difficile de les appliquer toutes les fois que des faits regrettables se produisent; car ces actes se produisent le plus souvent dans le commerce d'exportation et à l'étranger.

Il n'y a qu'un moyen sûr et efficace de combattre la mauvaise foi commerciale : ce moyen consiste à lui faire concurrence toujours et sur tous les marchés du monde, en lui opposant la loyauté et la droiture.

Toute déclaration mensongère, toute manœuvre déloyale ne nuiraient plus qu'à leurs auteurs, et le commerce français acquerrait alors cette bonne renommée qui assure la confiance des consommateurs.

Il y a des choses que tout le monde voit et déplore.

Cependant personne ne songe ou ne se croit de taille à changer ce qui existe.

C'est que des efforts isolés sont toujours insuffisants.

Quand il s'agit de porter la lutte commerciale sur une foule d'endroits différents, dans des pays éloignés où l'on ne connaît pas assez les besoins ou les goûts des consommateurs, les habitudes ou les lois, toute œuvre individuelle est paralysée par des difficultés sans nombre.

Ajoutons que la bonne réputation qu'un fabricant pourrait acquérir ne profiterait qu'à lui seul. Elle n'entraînerait pas forcément, auprès des consommateurs, pour les produits similaires aux siens, la même confiance qu'il aurait su mériter. D'ailleurs, la variété et la quantité de produits manufacturés que la France exporte rendent utile, indispensable même, une action collective.

L'union fait la force.

Une vaste association accomplira plus facilement ce qu'un ou même quelques individus ne pourraient faire.

Il s'agit, par conséquent, de fonder une grande société coopérative, où l'intelligence, l'activité et l'expérince de ses membres puissent trouver un utile emploi, où les capitaux auxquels il faudra forcément faire appel pour la constituer puissent trouver une rémunération digne de la grandeur du but qu'on se propose d'atteindre.

I

Nous disons qu'il s'agit de fonder une vaste association destinée à vaincre les obstacles qui s'opposent encore à une plus grande expansion des produits français sur les différents marchés du monde.

Cette association prendrait le titre de :

UNION MANUFACTURIÈRE DE FRANCE

Mais, avant d'indiquer, même sommairement, comment cette Société nouvelle doit être composée, il n'est pas inutile de faire connaître le but qu'il s'agit de poursuivre, ainsi que les voies à employer pour l'atteindre.

Ce qui de tout temps a justifié les bénéfices des négociants, est le rôle qu'ils remplissent entre le producteur et le consommateur. Auprès du premier, ils sont acheteurs et facilitent par leurs achats considérables le renouvellement de la production ; auprès du second, ils s'appliquent à en satisfaire les goûts et les besoins aussi multiples que variés, en réunissant et en mettant à sa portée de vastes assortiments de marchandises.

Ce rôle intermédiaire, que les négociants exportateurs ou les commissionnaires ont rempli jusqu'ici, la Société nouvelle le remplira à son tour désormais. Toutefois, il est indispensable de faire observer que, pour elle, il y a nécessité de livrer à l'étranger les produits français avec des bénéfices excessivement réduits, et d'agir ainsi autrement que les négociants et les commissionnaires n'ont agi jusqu'à présent, afin de n'avoir point à subir les mêmes nécessités en suivant les mêmes errements.

Aussi, pour être en mesure d'amoindrir beaucoup ses profits, il faut que la Société évite les risques autant que possible, et qu'elle ne s'expose jamais à subir pour son propre compte les lenteurs d'un écoulement difficile des marchandises, les déchets plus ou moins considérables ou les vicissitudes de la hausse ou de la baisse des prix.

Il faut que dans les ventes elle ne s'expose pas aux risques de rentrées lentes et difficiles pour ne point immobiliser des capitaux, et ne point subir des pertes par suite de l'insolvabilité ou de la mauvaise foi des acheteurs.

Mais, pourra-t-on se demander, la Société en voulant éviter les plus mauvaises chances qui suivent toujours de près toute affaire commerciale, sera-t-elle en mesure de rendre aux manufacturiers français les services qu'on en attend?

Ces services ne seront pas amoindris par les soins qu'on

prendra d'éviter autant que possible de subir des pertes. Au contraire, son appui, qu'elle est appelée à donner au commerce, sera d'autant plus solide que son crédit et son influence s'étendront davantage.

Aussi pourra-t-elle aisément lui faire des avances de fonds soit par caisse, soit par des acceptations, soit au moyen d'obligations émises à courte ou à longue échéance;

Ouvrir des crédits à l'étranger pour les approvisionnements des fabriques;

Négocier ou escompter les valeurs de portefeuille des manufacturiers ses adhérents;

Établir avec eux des comptes-courants avec ou sans intérêts;

Faire, avec ou sans commission de banque, tous leurs paiements et tous leurs encaissements;

Les aider, enfin, de toute son influence dans leurs multiples transactions, en se mettant en position de leur fournir les renseignements les plus précis et les plus détaillés.

L'Union manufacturière de France, tout en prenant pour elle-même les sûretés nécessaires, garantira à ses commettants le produit des ventes faites par son entremise, aussi bien que l'existence de la marchandise non vendue, dont on lui aura fait la consignation.

L'utilité de la Société projetée étant ainsi établie, il importe surtout de définir comment elle fonctionnera et quels doivent être les rouages qu'elle mettra en jeu.

Et d'abord, il faut dire que le siége de l'association étant à

Paris, il serait matériellement impossible que la Société gérât par elle-même les affaires qui doivent peu à peu se répandre sur tous les principaux centres de consommation.

Aussi, s'appliquera-t-elle à nommer des agents honnêtes, probes, instruits, expérimentés, actifs et zélés, successivement et partout où l'on jugera utile d'établir des relations commerciales.

Seront nommés de préférence agents de la Société les individus, qui, par un long séjour dans un endroit déterminé, ou bien par leurs rapports de famille et d'amitié, seront à même de connaître toutes les ressources que le pays où ils doivent résider peut offrir.

Ces agents s'offriront eux-mêmes en nombre très-considérable, car il ne leur sera demandé aucune mise de fonds. Ils n'auront à faire aucune avance à la Société, à l'exception de la dépense du voyage; par contre la part de bénéfices qui leur sera allouée, part proportionnelle à la nature et à l'importance des affaires faites par leur entremise, constituera pour chacun d'eux dans l'espace de quelques années une fortune véritable.

Le rôle de ces agents consistera à s'enquérir des besoins de la localité où ils demeureront, ainsi qu'à établir des relations personnelles et journalières avec les principales maisons de commerce, afin de leur faire connaître et apprécier les marchandises des manufactures françaises. Leur but sera de nouer des transactions aussi nombreuses que possible, soit immédiates, soit à terme.

Mais ils n'auront pas seulement à s'occuper de la vente des produits français.

Chaque pays exporte annuellement certains produits que les habitants ne consomment pas en totalité. Or, les agents de l'Union manufacturière de France devront s'étudier de lui procurer des consignations de ces différents produits. La solvabilité reconnue de cette Société, les nombreuses et bonnes relations commerciales qu'elle aura soin de se créer dans tous les ports français, la mettront en mesure de réaliser ces marchandises à la satisfaction des négociants expéditeurs.

Il s'établira ainsi entre la France et les pays étrangers de plus nombreux échanges que ceux qui ont eu lieu jusqu'à présent. La Société projetée, qui servira de pivot à beaucoup de ces échanges, en retirera certainement de très-grands profits. Les agents qui y auront coopéré participeront dans une juste mesure à ces profits.

Mais des agents, quoique utiles, indispensables même, ne suffisent pas à la besogne qu'il s'agit d'accomplir.

Pour faire préférer les produits français aux produits similaires des autres pays, il est de toute nécessité que les marchandises se trouvent présentes sur les marchés, à la portée des consommateurs et dans les moments propices. Il faut, par conséquent, établir des dépôts assortis partout où l'on veut faire des affaires importantes et suivies. Ces dépôts ne sauraient être confiés exclusivement aux agents; car ces derniers ne pourraient point assumer une responsabilité efficace.

Dans chaque localité où l'un des agents aura pris sa résidence, on établira des comptoirs spéciaux, dont tous les éléments seront pris dans les pays où ces comptoirs seront créés.

Leur constitution pourra varier suivant les endroits et les circonstances.

Ainsi, tantôt ce sera une société anonyme ou en commandite par actions; tantôt ce sera une réunion de plusieurs maisons parmi les meilleures du pays répondant chacune et solidairement des engagements pris au nom de toutes par le Comptoir; tantôt enfin la responsabilité du dépôt à établir pourra être confiée à un grand établissement commercial déjà existant, soit public, soit privé, mais offrant par l'importance de son capital, et par tous ses agissements, les garanties nécessaires.

Ces comptoirs recevront en consignation les marchandises françaises qui leur seront envoyées, et en opéreront la vente par la coopération de l'agent de la Société, suivant les instructions reçues, tout en prenant pour leur propre compte les risques des crédits qu'ils se décideront à faire pour les ventes à terme, de manière à garantir à la Société manufacturière la rentrée de toute somme réalisée, à une époque fixe et sûre.

Les comptoirs entretiendront avec la Société mère des échanges, de valeurs publiques ou privées, de matières précieuses, ainsi que de marchandises diverses, toutes les fois qu'il y aura lieu d'en tirer un bénéfice quelconque.

Les conditions à fixer, ainsi que tous les détails concernant les rapports entre l'Union manufacturière et chacun des comptoirs seront déterminées par des règlements spéciaux, suivant les localités, et suivant les circonstances.

Qu'il suffise de dire pour le moment que chacun de ces comptoirs doit être responsable de ses actes. Cette responsabilité, tout en mettant la Société mère à l'abri des pertes que pourraient entraîner des opérations dont elle ne saurait avoir la direction ni la surveillance, laissera aux comptoirs une plus grande faculté de se mouvoir à leur aise et de mieux agir, autant dans leur intérêt privé que dans l'intérêt de l'institution française dont ils dépendent.

Peut-être pourra-t-on supposer que cette responsabilité rendra timides les capitalistes ou les négociants auxquels on s'adressera pour constituer ces comptoirs. Il n'en sera pas ainsi, car toute affaire commerciale, de quelle nature qu'elle soit, entraîne une responsabilité. Celle attribuée aux comptoirs n'est, à aucun point de vue, supérieure à la responsabilité ordinaire, que tout négociant assume volontairement.

Par conséquent, il n'est pas douteux qu'on trouvera partout et toujours des adhérents nombreux à la constitution de ces différents comptoirs locaux ; car l'Union manufacturière sera en mesure de procurer à chacun d'eux un courant d'affaires très-fructueuses. Les capitaux qu'on y emploiera trouveront ainsi des avantages largement rémunérateurs.

On peut voir d'un coup d'œil que le double rouage qu'on propose d'établir par la nomination des agents et par la création des comptoirs donnera aux transactions la plus grande activité et la plus grande sécurité qu'on puisse désirer.

La multiplicité des affaires, dont la Société projetée sera chargée, rendra le contrôle sur la qualité et sur la valeur des marchandises qui lui sont consignées tout à fait illusoire. Ce contrôle cependant sera exercé dans la mesure du possible, mais chacun des associés gardera la responsabilté de ses énonciations, jusqu'à ce que les marchandises par lui consignées soient complètement réalisées.

Les noms des manufacturiers, aussi bien que les marques de fabrique, seront ainsi peu à peu connus partout, de manière que les préférences des consommateurs profiteront directement aux producteurs.

L'Union manufacturière n'aura et ne pourra jamais avoir aucun intérêt à substituer une marchandise de qualité inférieure à la marchandise demandée, tout en faisant payer des prix convenus pour un choix de qualité déterminé d'avance.

La loyauté et la droiture présideront toujours aux affaires auxquelles l'Union manufacturière servira d'intermédiaire.

Les associés auront intérêt à la seconder, non-seulement parce que les affaires se multiplieront d'autant plus facilement que la confiance sera mieux méritée, mais aussi parce que l'appui que la Société promet à chacun d'eux pourrait être brusquement retiré, si leurs agissements donnaient lieu à des plaintes.

En résumé, l'Union manufacturière sera une grande maison de commission. Assurée d'un courant d'affaires très-considérable, elle pourra abaisser le prix de ses services autant que les convenances l'exigeront.

Il n'est pas inutile toutefois de faire observer que les profits fournis à la Société par les associés feront retour aux associés eux-mêmes sous forme de dividendes, environ dans la même proportion dans laquelle ils auront été payés.

Par conséquent, les membres de la Société pourront avoir un intérêt à maintenir élevé le taux des commissions à payer, ce taux devant servir aussi bien pour tout fabricant ou négociant étranger à la Société qui n'aurait aucune part à recevoir des bénéfices sociaux.

III

Il reste maintenant à détailler comment l'Union manufacturière doit être constituée, de quels éléments se composeront les bénéfices, et comment ces bénéfices seront répartis entre les associés.

La Société nouvelle doit être coopérative; c'est-à-dire que chacun de ses membres devra coopérer au succès de ses opérations.

Cette Société ne sera donc point constituée au profit d'un ou de plusieurs individus qui auraient voulu s'y faire d'avance la part du lion. Elle devra, au contraire, profiter proportionnellement à tous les associés, autant pour la part contributive de chacun à la formation d'un capital de garantie, que pour la part d'intelligente activité qu'il aura su apporter à la Société dans le but de multiplier et de rendre profitables ses opérations.

Aussi convient-il de faire une distinction entre le capital social de garantie, sans lequel la Société ne saurait avoir une existence publique effective, et le capital coopérateur; le premier doit être fourni en argent et se composer d'une somme fixée d'avance, inaltérable et suffisante, pour garantir les tiers de tous les engagements sociaux; le second, fourni en marchandises manufacturées de différente nature, sera variable.

Le capital de garantie fourni en argent sera seul exposé aux vicissitudes commerciales; le capital fourni en marchandises, tout en participant aux bénéfices sociaux dans la mesure qui sera indiquée plus loin, ne doit courir aucun risque de quelle nature qu'il soit.

Aussi cette condition rassurante faite au capital coopérateur amènerait-elle un concours exagéré, si, dans l'intérêt de tous les membres, on ne posait à ce concours une limite d'autant plus nécessaire que la Société, faisant des avances de fonds sur le produit futur des marchandises qui lui sont consignées, ne pourrait peut-être pas suffire aux exigences d'une activité trop grande.

Cette limite, il convient que les statuts la fixent au décuple de la part contributive de chaque membre dans le capital de garantie.

Il est utile de faire observer que les avances faites par la Société seront passibles d'une commission de banque et d'intérêts proportionnels. Ces avances ne pourront pas non plus avoir une durée indéterminée.

Quoique ces conditions puissent paraître onéreuses pour les associés, elles sont toutefois indispensables ; car la gratuité des avances et leur durée illimitée auraient pour conséquence naturelle de rendre les manufacturiers moins faciles qu'ils ne doivent l'être à réaliser leur marchandise.

Or, l'intérêt bien entendu de l'Union manufacturière n'est point de faire en sorte de vendre chèrement les produits français, mais, au contraire, de multiplier les transactions autant que possible.

Il convient donc que chacun de ses membres ait un intérêt personnel à ne point fixer pour ses marchandises des conditions de vente qui ne seraient pas en rapport avec les convenances des consommateurs.

Il faut qu'il soit bien entendu que l'Association projetée n'est pas une coalition ayant pour but d'élever le prix des marchandises et de faire ainsi la loi aux acheteurs.

Une intention semblable serait insensée en présence de la concurrence étrangère.

D'ailleurs, qui ne sait pas que la consommation ne se développe qu'en raison de l'abaissement des prix, et qu'elle diminue et s'arrête souvent par les exigences trop grandes des vendeurs ?

Il est une considération, à la vérité de peu d'importance, mais qui, dans beaucoup de cas, décidera les associés à se départir de prétentions d'une réalisation impossible.

Les bénéfices nets qui seront obtenus annuellement par

l'Union manufacturière de France devront être divisés en deux parts égales ; la première appartiendra au capital de garantie et sera partagée entre les associés en proportion de la somme d'argent que chacun d'eux aura fournie, la seconde sera réservée aux membres coopérateurs.

Mais le partage entre ces derniers ne pourra se faire que proportionnellement aux sommes réalisées par la vente, pendant l'exercice clos, des marchandises de chacun. De manière que, si, par un inexplicable caprice, ou par des vues spéculatives, un, parmi les associés, voulait garder invendue sa marchandise pendant le cours d'un exercice, il n'aurait aucune part aux dividendes afférents à la partie coopérative.

Mais, dira-t-on, si les bénéfices sociaux se composent en grande partie des commissions payées par les membres coopérateurs, il sera indifférent à ceux-ci de ne point retirer sous forme de dividende, à peu de chose près, autant qu'ils auront dû payer en commissions, pour la vente de leurs marchandises.

On aurait grand tort de croire que les bénéfices sociaux ne se composeront exclusivement que des commissions payées par les membres coopérateurs.

Il a été dit plus haut que l'Union manufacturière de France doit se proposer de servir de pivot à de nombreux échanges à l'étranger. Les marchandises qu'on importera pourront s'élever à un chiffre analogue au chiffre de celles envoyées au dehors, et les commissions payées par les expéditeurs étrangers viendront s'ajouter aux bénéfices de la Société.

Il a été dit aussi que la Société s'occupera d'affaires de banque. L'importance de son capital de garantie et la sûreté de ses opérations en marchandises placeront la Société nouvelle au premier rang dans l'estime publique. On peut donc présumer qu'avant qu'il ne soit longtemps, elle deviendra un vaste réservoir de capitaux, versés par tous ceux qui, en nombre très-considérable, auront recours à elle, soit en raison de ses relations d'affaires avec les principaux manufacturiers du pays, soit en raison des facilités commerciales qu'elle peut offrir par suite des nombreux comptoirs établis à l'étranger.

Or, il est évident qu'une grande maison de banque en possession de la confiance publique peut réaliser de beaux bénéfices et obtenir des profits annuels largement rémunérateurs.

L'Union manufacturière pourra donc faire des affaires fructueuses en banque aussi bien qu'en marchandises, et cumuler ainsi les avantages de ces deux branches.

Enfin, il n'est pas inutile de faire observer que l'association des fabricants français ne doit point être exclusive, et refuser son appui ou ses services aux personnes qui n'en feraient pas partie.

Au contraire, ses efforts doivent tendre à faire, autant que possible, de tous les manufacturiers français une seule famille, unie d'intention, pour rivaliser avec succès contre la concurrence étrangère.

Dans ce but, elle doit prêter aide et assistance à tout producteur français qui aurait recours à ses services, et, quelle que soit la différence à établir dans les prix rémunératoires entre les commettants qui sont membres de l'association et ceux qui ne le sont pas, elle doit rendre à tout le monde également utile son intervention.

L'exactitude des renseigments que l'Union manufacturière pourra fournir, la sûreté et les facilités de toutes sortes qu'on trouvera dans les rapports d'affaires avec elle, et surtout les moyens, que, par la fondation de nombreux comptoirs elle doit se créer, *de réaliser promptement et avantageusement les marchandises exportées*, lui attireront une clientèle qui fournira à ses profits annuels un contingent considérable.

Indépendamment des dividendes, il y a pour les membres de la Société un important avantage à procurer à cette vaste association des profits annuels aussi considérables que possible. Cet avantage consiste dans la plus-value que doivent acquérir les parts contributives de chacun. Personne assurément ne peut y demeurer indifférent, soit qu'on veuille céder ces parts, soit qu'on veuille les garder.

Il est donc de la dernière évidence que l'établissement de l'Union manufacturière est une affaire sûre et bonne à tous les points de vue, et qu'elle sera placée dans des conditions telles que d'année en année les avantages grandiront successivement.

Il serait oiseux de supputer d'avance les bénéfices annuels que la Société des manufacturiers français peut être à même de réaliser. Ces calculs sont généralement très-élastiques.

Par cela même, ils rencontrent dans le public de l'incrédulité. Mais les hommes capables, habitués aux affaires, après un examen attentif des bases constitutives, sont à même de se rendre compte approximativement des avantages et des inconvénients d'une entreprise quelconque.

Aussi, loin de vouloir faire miroiter aux yeux des personnes, auxquelles le présent appel s'adresse, des profits qui, par leur importance, pourraient paraître exagérés, on se bornera à ébaucher ci-après les bases principales des statuts à formuler.

IV

CONDITIONS ESSENTIELLES DES STATUTS.

Il a déjà été dit que le capital social serait divisé en deux parts, ou, pour mieux dire, qu'il y aura deux capitaux, l'un de garantie, l'autre coopérateur.

Le premier, qui ne doit s'élever qu'à un chiffre équivalant au 1/10ᵉ du chiffre du second, lui servira de base.

Aussi convient-il de s'occuper d'abord et principalement du capital de garantie.

Ce capital sera fourni en argent. Il sera fixe et inaltérable.

Il sera régi par les dispositions de la loi du 23 mai 1863 sur les Sociétés à responsabilité limitée ; car c'est sous cette forme anonyme que doit être fondée une société dont tous les membres auront les mêmes droits et les mêmes devoirs.

L'article 3 de la susdite loi limite le capital des sociétés à responsabilité limitée à 20 millions de francs.

Le capital peut être inférieur à cette somme, mais il ne peut pas la dépasser.

Le maximum fixé par la loi doit être adopté par l'Union manufacturière de France.

Aussi bien, son capital social s'élèvera successivement à 20 millions de francs divisés en 40,000 actions de 500 francs chacune.

Ce capital sera partagé en 4 séries de 5 millions de francs.

La première série de 10,000 actions sera seule d'abord émise, pour que la Société n'ait pas à se charger au début de capitaux qui n'auraient pas un immédiat et utile emploi. Même pour cette première émission, ne devra-t-on pas appeler un versement prompt et total du montant des actions. Il suffit que ces paiements soient échelonnés dans l'espace d'une année.

La Société sera constituée du moment où les 10,000 premières actions auront été souscrites, et que chacun des adhérents aura payé 125 francs par action.

Par conséquent, ce premier versement devra être fait au moment de la souscription.

L'émission des autres 30,000 actions n'aura lieu que plus tard, en raison du développement successif des affaires sociales, et ces actions ne devront être payées qu'avec une plus-value analogue à celle qu'auront obtenue les actions déjà émises. De cette manière, les premiers adhérents auront un avantage qui ne sera cependant pas exclusif du concours d'autres et plus nombreux associés.

Toutes les actions sont nominatives, et quoique facilement transférables, le transfert ne pourra avoir lieu qu'après cessation et renoncement de l'usage du droit que le titre d'actionnaire confère au titulaire de livrer à la Société une partie proportionnelle de marchandises en en recevant des avances.

Ce droit n'est pas toutefois pour les actionnaires entièrement absolu. La Société, dans son propre intérêt et dans l'intérêt de tous ses membres, aura la faculté de le régler d'une manière proportionnelle aux facilités acquises d'écouler les marchandises qu'elle aura reçues en consignation. Elle aura également la faculté de suspendre ou de supprimer ce droit à tout individu qui aurait commis de dangereux abus.

Mais il est évident que la Société ne se servira jamais de cette faculté discrétionnaire sans une grande nécessité, car elle ne voudra pas se priver ainsi volontairement d'un élément essentiel de ses meilleurs profits.

Le siége de la Société sera établi à Paris, et sa durée fixée à trente années. Cette durée pourra être prolongée ou abrégée par la volonté librement exprimée d'une assemblée des actionnaires représentant au moins la moitié de l'actif social. Mais dans le cas, peu probable du reste, où la moitié du capital de garantie serait perdue, la dissolution de la Société sera prononcée sans que la majorité et même la totalité des actionnaires puisse s'y opposer.

On procèdera alors immédiatement à la liquidation en nommant à cet effet des commissaires spéciaux, et en leur conférant les pouvoirs les plus étendus.

Les liens sociaux, ainsi rompus, pourront se renouer par des adhérences volontaires; mais, en ce cas, on ne pourra reconstituer la Société qu'en y apportant de nouveaux fonds et une dénomination différente, afin qu'il ne puisse y avoir à l'égard des tiers aucune confusion entre l'ancienne et la nouvelle Société.

Il a été expliqué plus haut la nature des opérations commerciales auxquelles la Société pourra se livrer; les statuts en fixeront avec soin les limites en donnant un détail explicite des affaires permises et de celles qui doivent être expressément défendues.

Une marche ainsi savamment tracée inspirera d'autant plus de confiance qu'elle évitera les dangers du tâtonnement et les imprudences d'administrateurs trop zélés.

Parmi les défenses positives qu'il faudra insérer dans les statuts, il y a lieu de compter celle qui a trait à l'emploi de fonds d'une manière permanente, et même pour une durée qui dépasserait celle consacrée par les usages commerciaux.

La disponibilité constante du capital de garantie est une condition trop essentielle pour être négligée.

Il sera défendu également à la Société de se livrer à des opérations à terme (soit sur les valeurs publiques, soit sur des marchandises), qui ne devraient pas être suivies nécessairement de levées ou de livraisons effectives, mêmes dans le cas où ces opérations chanceuses seraient faites pour compte de tiers ayant fourni des couvertures jugées suffisantes.

Quelle que soit d'ailleurs la sévérité des statuts, leur efficacité pourrait paraître douteuse, s'ils n'étaient confiés à la garde d'une administration réunissant tous les éléments d'une savante, honnête, active et constante surveillance.

Le choix des administrateurs sera confié exclusivement aux actionnaires. Cependant, comme condition essentielle d'éligibilité, il faudra que les statuts fixent la quantité d'actions dont les administrateurs devront demeurer titulaires pendant toute la durée de leurs fonctions.

A cet égard, il ne paraîtra à personne trop exagéré le chiffre de 75 actions que chacun des administrateurs doit posséder.

Ce chiffre ne paraîtra pas non plus trop peu important si l'on songe qu'il y a lieu de l'augmenter à chacune des émissions nouvelles des séries d'actions non émises au début. De manière que, lorsque le capital s'élèvera à 20 millions de francs, chaque administrateur devra être titulaire de 300 actions, représentant une valeur nominale de 150,000 fr.

La Société sera administrée par un conseil de sept membres et d'un censeur nommés pour quatre ans par les actionnaires.

Toutefois, chaque année, ce conseil doit être renouvelé par quart. Pendant les trois premières années, le sort désignera les deux conseillers sortant; ensuite l'élimination aura lieu par ancienneté. Tous les administrateurs seront rééligibles.

L'administration choisira parmi ses membres un président, un secrétaire et un commissaire spécial. Ces trois élus de l'administration composeront le comité exécutif. Tout acte administratif doit être signé par ces trois membres. Mais le comité pourra donner le pouvoir de signer des actes spéciaux soit à un seul de ses membres, soit à toute autre personne. Le fondé de pouvoir signera *par procuration* du comité exécutif.

L'administration nommera également un directeur et un contrôleur général, pris l'un et l'autre en dehors du conseil.

Le directeur sera chargé de l'exécution de toutes les affaires courantes délibérées en principe par le comité ; le contrôleur général doit surveiller cette même exécution, prévenir et signaler au comité tous les abus.

Les devoirs de ces deux officiers de l'administration seront minutieusement indiqués par les statuts. Dès à présent, toutefois, on peut voir que si l'un des deux représente l'initiative et l'action, l'autre représente l'active surveillance et la résistance. La pondération de ces deux influences dans tous les détails de la gestion préviendra les mécomptes qu'on rencontre souvent dans toute affaire considérable.

Il est juste que les sept membres du conseil, aussi bien que le censeur, reçoivent une rémunération des soins intelligents et actifs qu'ils donnent aux affaires sociales.

Cette rémunération sera de 1 0/0 des bénéfices nets annuels pour chaque administrateur.

La même rémunération sera accordée au directeur et au

contrôleur; mais pour ces deux officiers de l'administration, dont l'emploi est exclusif de toute autre préoccupation lucrative, il y a lieu de fixer un minimum annuel de la rémunération qui leur sera allouée.

Les statuts fixeront d'une manière détaillée les époques des assemblées générales, ainsi que le mode de leur réunion.

Cependant, il est utile de dire dès à présent que les actionnaires étant disséminés dans toutes les parties de la France, il convient de leur éviter des déplacements onéreux.

Aussi, auront-ils le droit de se faire représenter par des mandataires choisis par eux, qu'ils soient ou ne soient pas actionnaires. — Les comptes-rendus, les rapports, les propositions, ainsi que toute matière mise en délibération, seront envoyés aux actionnaires quinze jours au moins avant le jour fixé pour la réunion, afin de mettre les actionnaires à même de donner leurs instructions aux fondés de pouvoir qu'ils auront choisis.

Il y aura aux statuts un titre spécial pour régler la nomination des agents, ainsi que le mode de fondation des comptoirs, la nature des rapports des uns et des autres avec l'Union manufacturière, et les cas de cessation ou de rupture de ces rapports.

Une des conditions essentielles à établir consistera dans la défense absolue faite aux agents d'avoir aucune part à la gestion des comptoirs. Les agents, institués pour prendre l'initiative de toutes les affaires possibles dans les localités où ils résideront, ne peuvent pas assumer en même temps le rôle qui appartient aux comptoirs, dont la responsabilité effective impose la prudence et la circonspection la plus rassurante. Les agents et les comptoirs représenteront, aux yeux de l'administration de la Société française, les deux courants au milieu desquels la certitude des renseignements acquerra un degré d'évidence incontestable.

Par ce qui vient d'être dit on peut se faire une idée à peu près exacte du projet en question. Il est inutile de descendre dans de plus minutieux détails des statuts, car les nombreuses sociétés existantes offrent des modèles à suivre, dont on pourra choisir les dispositions les plus conformes aux convenances des fondateurs et des adhérents de l'Union manufacturière.

Mais s'il est facile d'uniformer les statuts sociaux à ceux des sociétés à responsabilité limitée ou anonymes les mieux constituées, il n'en est pas de même de faire des règlements pour une société coopérative; car cette forme de société, non encore prévue par les lois en vigueur, n'existe jusqu'ici qu'à l'état d'essai, et plutôt dans un but de bienfaisance que dans un but commercial.

Toutefois ce genre de société n'est pas aussi nouveau que le nom paraît le faire supposer. Une société coopérative n'est pas autre chose qu'une société en participation, dont l'existence, quoique prévue par le Code, ne peut pas être invoquée par des tiers qui voudraient lui imposer une responsabilité collective.

Une société en participation n'existe qu'à l'égard des participants et dans la mesure convenue.

L'Union manufacturière de France, comme société coopérative, n'aura donc pas une existence publique. Les engagements de cette Société n'obligeront les membres que pour leur part contributive au capital de garantie, exclusivement pour les sommes versées par eux.

Les marchandises fournies pour contribuer au mouvement des affaires sociales, tout en donnant un droit au partage des bénéfices dans une proportion déterminée, n'ont aucune responsabilité à subir. Ces marchandises pourront être fournies en quantités plus ou moins considérables. La limite statutaire, fixée au décuple de la part de chaque membre au capital de garantie, pourra, dans certains cas, être dépassée. Ainsi, par exemple, lorsque des ventes faciles et suivies épuisent des articles reçus en consignation par la Société, le membre qui les aura fournis pourra en renouveler l'approvisionnement au fur et à mesure des ventes, de manière à maintenir ses marchandises en dépôt dans l'extrême limite fixée par les statuts.

Par contre, la Société aura le droit de restreindre la consignation des marchandises dans la mesure de ce qu'elle peut vendre dans le courant d'un exercice, et refuser toutes celles qui l'obligeraient à rester *indéfiniment* sous le poids des charges que les avances de fonds imposent à la Société.

Les statuts fixeront le mode d'évaluer les marchandises, afin d'éviter toujours des conflits entre la Société et ceux qui lui feront des consignations.

Ainsi, par exemple, les membres de l'Union manufacturière donneront à la Société une note sommaire des marchandises qu'ils se proposent de lui confier. Le conseil de l'administration désignera deux fabricants d'articles de même nature que ceux qui lui sont proposés pour vérifier et constater la valeur de ces marchandises. Ces fabricants *experts* garantiront personnellement à la Société le montant de la facture, que le propriétaire des marchandises consignées fournira à la Société, et recevront pour cette garantie 1 0/0 du montant de la facture.

Cette responsabilité n'empêchera personne de se charger de l'expertise à laquelle la Société convie tour à tour ses membres, car elle n'aura d'effet que pour la différence entre le prix coté et le prix obtenu à la vente de la marchandise, et seulement dans le cas où le manufacturier qui en aurait fait la consignation deviendrait insolvable.

La commission de 1 0/0 qu'il y aura à payer aux experts ne sera pas non plus une charge pour personne; car tel qui paie cette commission un jour comme propriétaire de la marchandise la recevra souvent le lendemain comme expert.

Il est évident que par cette double garantie supplémentaire, la Société évitera non-seulement tout danger réel, mais même l'apparence du danger. Son crédit s'en augmentera d'autant. Le conseil d'administration choisira comme experts responsables ceux des membres de la Société qui en auront exprimé le désir. Il évitera toute préférence dont on puisse se plaindre.

Un journal hebdomadaire, publié par les soins de l'administration, fera connaître les prix-courants des marchandises, tous les détails commerciaux qui seront jugés utiles et un résumé des opérations sociales classifiées de telle façon que chacun des associés puisse y trouver les renseignements nécessaires.

Il ne devra exister entre la Société et ses membres aucun intérêt de rivalité. Les rapports à établir seront aussi intimes que possible, de manière qu'ils ne puissent être froissés par aucune aspérité de langage ou par aucun acte dont les circonstances n'imposent pas une sévérité nécessaire.

Ce qui vient d'être dit suffira à donner une idée à peu près exacte des intentiens des fondateurs de l'Union manufacturière. Tout le monde reconnaîtra que les adhérents à cette Société nouvelle pourront y trouver des avantages considérables, tout en gardant une indépendance absolue pour faire en dehors de leurs relations avec l'Union manufacturière, telles opérations que leurs habitudes et leurs convenances exigeront.

UNION MANUFACTURIÈRE

DE FRANCE

STATUTS

Par devant Mᵉ   et son collègue, notaires à Paris, ont comparu MMˡˢ
lesquels voulant former une Société coopérative et à responsabilité limitée dans le but de développer le commerce d'exportation et l'industrie manufacturière en France ont décidé d'en déterminer les règles à suivre ainsi que les statuts de la manière suivante.

TITRE Iᵉʳ

DE LA CONSTITUTION DE LA SOCIÉTÉ, DE SA DÉNOMINATION, DE SA DURÉE ET DE SON SIÉGE.

Art. 1ᵉʳ. — Les comparants fondent par les présents statuts une Société coopérative et à responsabilité limitée entre eux et les personnes qui, en adhérant aux bases présentement formulées, deviendront propriétaires des actions ci-après créées.

Art. 2. — La Société prend la dénomination d'*Union manufacturière de France.*

Art. 3. — Sa durée est de trente ans à compter du jour de sa constitution définitive. La Société ne sera constituée qu'après les formalités voulues par les articles 4, 5 et 6 de la loi sur les sociétés à responsabilité limitée.

Art. 4. — Son siége est à Paris dans le local qui sera ultérieurement choisi.

TITRE II

DES OPÉRATIONS DE LA SOCIÉTÉ.

Art. 5. — Les opérations de la Société consistent :

I. *Dans la nomination de nombreux agents, et dans la création de Comptoirs dans les principaux centres de consommation à l'effet d'établir des dépôts permanents de produits des manufactures françaises. Les titres III et IV, qui vont suivre, fixent les conditions auxquelles sont soumises la nomination des agents, et la création des différents Comptoirs;*

II. *A faire des avances aux fabricants français sur la réalisation future des marchandises par eux données en consignation à la Société, soit au moyen d'acceptation de leurs traités, soit au moyen d'obligations émises par la Société à courte comme à longue échéance, et remboursables par amortissement semestriel; soit au moyen d'ouvertures de crédits dans les pays de production ou de dépôt des matières premières indispensables à l'alimentation de leurs manufactures; soit enfin au moyen de paiements effectifs et immédiats par caisse en numéraire;*

III. *A se constituer intermédiaire auprès de ses clients moyennant commission pour la vente et l'achat de marchandises, de quelle nature qu'elles soient, et pour la soumission de fournitures aux États ainsi qu'aux grandes Administrations publiques;*

IV. *A ouvrir des comptes courants avec ou sans commission de banque, avec ou sans intérêts, pour recevoir des dépôts de fonds, faire tout paiement et encaissement au débit et au crédit de ses commettants, escompter ou négocier leurs valeurs de portefeuille ;*

V. *A faire des avances de fonds sur dépôt de valeurs publiques ainsi que des achats et ventes à commission de ces mêmes valeurs ;*

VI. *A ouvrir des crédits par anticipation contre envoi de marchandises et remise de facture, connaissement ou lettre de voiture à l'ordre de la Société ;*

VII. *A se charger du placement à commission de titres provenant d'emprunts d'État, de communes, ou de puissantes Compagnies commerciales, industrielles ou financières ;*

VIII. *A prendre, escompter et payer toutes sortes de coupons, tant français qu'étrangers, ou à les recevoir en compte courant ;*

IX. *A faire des arbitrages avec les différentes places de change, tant de matières précieuses que de valeurs publiques ou privées ;*

X. *A faire enfin telles opérations de commission ou de banque que la prudence la plus sévère permet, et toutes les fois que des garanties matérielles ou personnelles sont jugées suffisantes par l'Administration.*

Art. 6. — La Société ne pourra pas cependant engager des fonds d'une manière permanente, ou pour un temps qui dépasserait la limite consacrée par les usages les plus ordinaires du commerce en France.

Art. 7. — Tout en faisant des affaires à terme la Société ne peut pas se livrer pour son propre compte, ni pour compte de tiers, à des opérations qui ne devraient point nécessairement aboutir à la levée ou à la la livraison de titres ou de marchandises, lors même qu'on déposerait dans ses caisses, une couverture présumée suffisante.

TITRE III

DES AGENS.

Art. 8. — La Société nomme des agents pour la représenter et pour faciliter le placement des marchandises françaises ainsi que pour solliciter en retour l'envoi en France de toute espèce de denrées que les localités où ils doivent résider habituellement exportent.

Art. 9. — Le choix de ces agents est entièrement laissé aux soins de l'Administration, qui fixe, suivant les pays et suivant les circonstances, les conditions d'admission. Mais, seront choisis de préférence ceux, dont les informations prises, donneront la certitude que, par leur honnêteté et leur loyauté, par un long séjour fait dans les endroits où il s'agit de les envoyer, par leurs relations de famille ou d'amitié, ils connaîtront le mieux la langue, les lois, les usages commerciaux et toutes les ressources du pays qu'ils devront habiter.

Leurs aptitudes spéciales pourront êtres constatées par des examens aussi bien que par un stage dans les bureaux de la Société, dont l'Administration déterminera les conditions et la durée.

Art. 10. — L'agent ne reçoit aucun traitement fixe, ni aucune indemnité, pour ses frais de voyages, de séjour et de retour; mais il lui est alloué le tiers de toutes les commissions que le Comptoir dépositaire des marchandises françaises est autorisé à percevoir.

Art. 11. — Le Conseil d'administration de la Société peut néanmoins faire, à l'occasion, des avances aux agents pour leurs frais de voyages et de séjour; mais la restitution de ces avances est imputable sur les premiers fonds rémunératoires des agents.

Art. 12. — Aucune mise de fonds ni aucun cautionnement n'est imposé aux agents. Par conséquent ils n'assument aucune responsabilité effective en raison de leurs fonctions. Ils ne sont responsables que de l'exécution des instructions que l'administration leur donne. Les agents, simples intermédiaires, ne peuvent agir dans leurs ventes, dans les commandes qu'ils transmettent à la Société, et dans les consignations qu'ils lui procurent, qu'avec l'assentiment et le concours des Comptoirs auprès desquels ils sont établis.

Art. 13. — Aussitôt arrivés dans les endroits où ils prennent résidence, les agents doivent s'occuper de réunir des adhésions nombreuses à la constitution des Comptoirs. Cette constitution pourra varier suivant les localités et les circonstances. Quelle qu'elle soit, cependant, les agents ne peuvent y prendre aucune part, ni par leur collaboration personnelle, ni par aucune mise de fonds.

Art. 14. — Par des communications fréquentes, les agents tiennent l'Administration au courant de leurs actes et de l'exécution des instructions reçues. Ils fournissent à la Société tous les renseignements nécessaires afin de la mettre à même de leur donner ses ordres, et de prendre toutes les dispositions concernant le choix et l'envoi des marchandises d'un placement plus ou moins immédiat.

Art. 15. — L'intelligence et l'activité des agents résultent de la multiplicité des opérations auxquelles ils servent d'intermédiaires.

Toutefois, l'Administration demeure juge de l'opportunité de leur collaboration, et peut les rappeler.

Également, les agents peuvent, en tout temps, se démettre de leurs fonctions dans un délai que les conventions particulières à intervenir fixeront suivant les distances.

Une indemnité pour les frais de retour, peut être allouée par l'Administration à l'agent rappelé qui n'a point démérité.

Art. 16. — L'Administration peut, dans un écrit sous seing privé fait double entre elle et chacun des agents, avant son départ, lui imposer telles conditions onéreuses que les circonstances rendent utiles. Elle peut particulièrement imposer l'obligation à chacun d'eux d'entretenir, pendant un laps de temps plus ou moins long, un ou deux jeunes gens désireux de s'instruire dans les affaires commerciales, en leur fournissant le logement et la nourriture.

En ce cas, ces jeunes gens doivent consacrer leur temps et leurs meilleurs soins à aider l'agent dans ses démarches et dans ses actes, afin de lui en faciliter l'accomplissement autant qu'il dépend d'eux de le faire.

Les frais de voyage et de retour de ces jeunes gens sont à leur charge personnelle.

Art. 17. — La rémunération établie pour les agents par l'art. 10 qui précède résulte du bilan semestriel que chaque Comptoir doit dresser périodiquement. — Cette rémunération, cependant, le Comptoir n'est autorisé à la payer que jusqu'à concurrence de la moitié de la somme à laquelle elle s'élève. L'autre moitié est portée par le comptoir au crédit de la Société, qui, à son tour, ouvre un compte spécial à l'agent, afin d'y inscrire à son crédit les sommes qui lui sont dévolues pour prix de son travail. Ce compte courant produit des intérêts à 5 0/0 l'an qui sont capitalisés tous les semestres.

Les sommes qui figurent au crédit de l'agent dans ce compte spécial, ne deviennent pour lui disponibles que du jour où, par sa propre volonté, ou par la volonté de la Société, il quitte ses fonctions. Même à cette époque, l'agent ne peut retirer le montant des sommes qui sont à son crédit que sous déduction de ce que la Société peut être fondée à lui réclamer, soit pour des infractions aux conventions faites avec lui, soit pour toût autre motif.

Art. 18. — Malgré l'ar icle qui précède, après quinze ans de bons et loyaux services, l'agent, tout en continuant ses fonctions, peut retirer tout ce qui résulte à son crédit, si d'aventure la Société n'a rien à lu reclamer.

TITRE IV

DES COMPTOIRS.

Art. 19. — La Société établit des Comptoirs dans toutes les localités, où, par l'envoi d'un agent, elle constate l'utilité de nouer des relations entre ces pays et la France.

Art. 20. — La constitution de ces Comptoirs peut varier suivant les endroits et les circonstances. On peut, pour les constituer, former des sociétés collectives en commandite ou anonymes. Un comptoir peut également se fonder par l'adhésion de plusieurs parmi les meilleures maisons de l'endroit, qui consentent à assumer une responsabilité collective et solidaire pour toutes les opérations qu'il y a lieu de traiter avec l'Union manufacturière de France.

En ce cas, ces maisons peuvent se partager entre elles le dépôt des différents articles que la Société française est à même d'envoyer pour la vente, ainsi que les affaires multiples qu'il y a lieu de faire avec elle. Mais, pour valider cette solidarité, les différentes maisons adhérentes doivent donner procuration à un ou à plusieurs individus de leur choix, acceptés par l'Union manufacturière, qui se mettent en relation constante et active avec elle, et qui prennent envers elle toutes les responsabilités actives et passives des affaires qui font l'objet de l'institution d'un Comptoir.

Ces fondés de pouvoir doivent avoir un bureau particulier, et une comptabilité spéciale.

Art. 21. — Quelle que soit la forme que prend la constitution d'un Comptoir, celui-ci ne peut être définitivement fondé qu'après avoir justifié à l'Union manufacturière de ses moyens de solvabilité, et que ces moyens sont reconnus et acceptés par elle.

Art. 22. — Les articles 5, 6 et 7, concernant les opérations auxquelles peut ou ne peut pas se livrer la Société française, sont également applicables aux Comptoirs. Mais chacun d'eux est responsable de tous ses actes. Il agit par conséquent avec une entière indépendance. Il est seul juge de la convenance des opérations à faire, et peut refuser les affaires qui seraient de nature à compromettre ses intérêts ou son crédit.

En résumé, chaque comptoir prend envers l'Union manufacturière de France le rôle d'une maison correspondante, dont les intérêts, quoique liés par de nombreux et incessants échanges demeurent libres de toute attache qui pourrait gêner la liberté d'action qui lui est nécessaire.

Art. 23. — Malgré l'indépendance que l'article précédent affirme et consacre pour chacun des Comptoirs, la Société peut faire avec eux telles conventions qu'elle juge utiles. Les conventions faites sont les lois qui règlent les rapports à établir.

Art. 24. — L'administration et la direction de chaque Comptoir sont confiées à des hommes choisis exclusivement par les membres qui le composent. Toutefois, l'Union manufacturière a le droit de nommer auprès de tout Comptoir un contrôleur chargé de se tenir au courant de toute, les affaires, d'en surveiller l'exécution et de signaler tous les abus qui peuvent se produire. Le contrôleur vérifie et constate aussi souvent qu'il est nécessaire de le faire, l'état de la caisse, du portefeuille, des écritures, aussi bien que des marchandises en magasin, et certifie tous les états de situation du comptoir auprès duquel il a été nommé.

Art. 25. — Le contrôleur ne peut faire aucun acte qui engage la responsabilité du Comptoir ; mais, suivant ses aptitudes, il peut se charger de la caisse ou de la comptabilité.

Il reçoit du Comptoir des appointements fixes dont le chiffre est convenu d'accord avec l'Union manufacturière.

Art. 26. — La Société peut, à toute époque, révoquer et remplacer un contrôleur. Celui-ci peut également se démettre toujours de ses fonctions, mais dans les délais que les conventions particulières fixeront.

Des indemnités peuvent être allouées au contrôleur qui, dans ses fonctions, n'a point démérité.

Art. 27. — Les comptoirs ont la gestion des différents entrepôts de marchandises que l'Union manufacturière a pour but d'établir et d'entretenir dans les principaux centres de consommation. Ils soignent la réception, la manutention et la vente des marchandises qui leur sont envoyées, et en sont responsables envers la Société.

En échange des marchandises reçues, les Comptoirs expédient, à leur tour, les produits que le pays où ils sont établis exporte. Autant que possible, ces expéditions des Comptoirs sont faites pour le compte des clients qu'ils ont su se procurer.

A défaut de produits à exporter, les Comptoirs font des remises à l'Union manufacturière, soit en or ou en argent monnayé, soit en valeurs publiques, soit en papier direct ou indirect.

La promptitude de ces retours sert de mesure à l'activité plus ou moins grande que la Société doit déployer dans l'envoi des marchandises.

Les rapports à établir entre la Société manufacturière et chacun des Comptoirs sont en tout semblables à ceux qui existent entre deux maisons de banque ayant entre elles un compte à demi. Les profits sont d'autant plus considérables que l'activité des échanges est plus grande.

Les commissions à percevoir sont établies d'accord entre la Société et le Comptoir, suivant les différentes sortes de marchandises. Elles sont exclusivement perçues par celle des parties qui opère les ventes ; mais le montant de ces commissions est partagé par moitié entre la Société et le Comptoir.

Art. 28. — Le ducroire ou prime d'assurance contre les risques provenant des ventes faites avec terme ou délai, quoique fixé d'accord et par anticipation, suivant les marchandises et suivant les pays, profite exclusivement à celle des parties qui a assumé la responsabilité de la vente.

Le ducroire fait l'objet d'un compte spécial et ne doit point être confondu avec le compte des commissions.

Art. 29. — Un bilan et un inventaire semestriels sont dressés par chacun des Comptoirs aux époques fixées par l'Union manufacturière Ce bilan et cet inventaire, certifiés sincères et véritables par les administrateurs des comptoirs et par le contrôleur, sont envoyés et soumis à l'examen de la Société.

Des notes sommaires de marchandises et de titres en dépôt appartenant à des tiers accompagnent ces documents semestriels.

Art. 30. — Indépendamment de l'inventaire et du bilan semestriels, des états de situation régulièrement extraits des livres sont périodiquement envoyés par les Comptoirs à la Société, aussi souvent que la Société même fixera.

Art. 31. — Pour faciliter les états comparatifs, que l'Union manufacturière peut avoir à dresser des différents Comptoirs, les écritures sont partout tenues d'une manière analogue et conforme aux indications qui sont fournies par la Société de Paris, autant pour le nombre que pour la division des comptes.

Art. 32. — A défaut d'entente, l'Union manufacturière peut suspendre, et même dans certains cas rompre définitivement ses rapports avec le Comptoir, qui, par ses agissements, a cessé de mériter la confiance nécessaire. Les comptes alors doivent être liquidés et apurés, les marchandises non vendues livrées à tel établissement commercial que la Société même indique.

Cette faculté discrétionnaire, que l'Union manufacturière doit garder, ne peut donner lieu de la part du Comptoir à aucune réclamation d'indemnité. Toutefois, par des conventions particulières, on peut établir que cette faculté soit réciproque et appartienne aussi bien au Comptoir qu'à la Société.

TITRE V

DU CAPITAL SOCIAL.

Art. 33. — L'Union manufacturière a le double caractère de Société à responsabilité limitée, telle qu'elle est définie et réglée par la loi du 23 mai 1863, et de Société en participation ou coopérative.

Par conséquent, son capital est également de deux sortes.

Comme Société à responsabilité limitée, son capital est fixe et inaltérable. Il doit servir de garanties à tous les engagements pris, soit avec chacun des associés, soit avec les tiers.

Comme Société en participation ou coopérative, le fonds social ne doit être qu'un fonds de roulement, qui, sans imposer aucune charge à la Société, sert au développement de ses opérations, et, par elles, à la constitution de la principale branche de ses bénéfices. Le capital de garantie, fourni en argent comptant, ne doit être que le dixième du capital coopérateur. Celui-ci, fourni en marchandises, tout en s'élevant nominalement au décuple du premier, est essentiellement variable. Il ne lui est fait appel que dans la mesure jugée opportune par l'Administration et proportionnellement aux moyens acquis de placements.

Du capital de garantie, des actions et des versements.

Art. 34. — Le capital de garantie sert de base à tous les droits et à toutes les charges des associés. Il est fixé à la somme de vingt millions de francs, et divisé en quarante mille actions de 500 francs chacune. Ces quarante mille actions sont partagées en quatre séries de dix mille chacune. La première série seulement est émise de suite. Les autres ne le sont que successivement.

Art. 35. — Toutes les actions sont nominatives et représentées par un certificat émanant de l'administration, frappé d'un timbre-sec de la Société, et signé par trois administrateurs.

Art. 36. — Les actions sont payables pour un quart ou 125 francs en souscrivant, et les autres trois quarts de trois mois en trois mois après le premier versement, soit un quart par chaque trimestre, en sorte que la totalité du montant de l'action soit payée au bout du neuvième mois de la date de la constitution de la Société.

Art. 37. — La Société est constituée du moment où les dix mille actions sont souscrites et le premier versement de 125 francs est fait. Les paiements en retards sont passibles d'un intérêt calculé à raison de 6 0/0 l'an. Cependant, après trois mois de retard, l'Administration a le droit de faire vendre, sans aucune mise en demeure, les actions appartenant aux retardataires, aux risques et périls de ces derniers. En ce cas, le titre nominatif délivré précédemment au souscripteur est nul de plein droit. Mais l'Administration ne doit user qu'avec ménagement de la faculté qu'elle a de faire vendre les actions des retardataires. Des avis préalables donnés officieusement doivent prévenir les erreurs d'une fausse interprétation de l'article 36 qui précède.

Art. 38. — Chaque actionnaire a un compte ouvert dans un livre spécial. Dans ce compte, sont inscrites à son crédit les actions qui lui sont attribuées, et à son débit celles de ces actions qu'il a cédées ou vendues.

Art. 39. — En cas de cession ou de vente d'une ou de plusieurs actions, le cédant ou le vendeur livre à l'Administration, le certificat dont il est possesseur, et signe une feuille de transfert. Le cessionnaire accepte, en signant cette même feuille, le transfert qui lui est fait, et reçoit de la Société un certificat qui constate le nombre d'actions dont il est devenu propriétaire.

Également, le cédant reçoit un nouveau certificat constatant le nombre d'actions qui lui restent après la cession faite.

La Société peut refuser d'admettre comme actionnaire tout individu ou toute Société qui ne serait pas en mesure de coopérer aux affaires sociales. Elle peut aussi exiger que les signatures du cédant et du cessionnaire soient certifiées.

Les transferts peuvent également avoir lieu en vertu de la signature de fondés de pouvoir du cédant ou du cessionnaire.

Des modèles de procuration, à cet effet, sont délivrés par la Société à toutes les personnes qui lui en font la demande.

Art. 40. — Les droits et obligations attachés à l'action suivent le titre en quelles mains qu'il passe. La possession d'une ou de plusieurs actions emporte de plein droit adhésion complète aux présents Statuts, et à toutes les décisions ultérieures des assemblées générales d'actionnaires régulièrement convoquées.

Art. 41. — Les actionnaires n'engagent leur responsabilité que jusqu'à concurrence du montant des actions du capital de garantie, dont ils sont titulaires.

Art. 42. — Chaque action donne droit dans la propriété de l'actif social, et dans le partage des bénéfices. à une part proportionnelle au nombre des actions émises.

Art. 43. — Toute action est indivisible. La Société ne reconnaît qu'un propriétaire d'une action.

Art. 44. — Les héritiers ou les créanciers d'un actionnaire ne peuvent, sous quelque prétexte que ce soit, provoquer l'apposition des scellés sur les biens et valeurs de la Société, en demander le partage ou la licitation, ni s'immiscer d'aucune manière dans son administration; ils doivent, pour l'exercice de leurs droits, s'en rapporter aux inventaires sociaux et aux délibérations de l'assemblée générale.

Art. 45. — Les trois séries de dix mille actions chacune, qui servent de complément aux quarante mille formant le capital social, ne sont émises que successivement, et suivant délibération prise par l'assemblée générale des actionnaires en vertu d'une proposition formelle de l'administration.

Aucun droit de préférence n'est accordé aux anciens actionnaires pour la souscription des actions nouvelles; mais ces actions ne sont émises qu'avec une plus-value analogue à celle que les titres déjà émis ont obtenue. Cette plus-value profite aux actionnaires anciens, auxquels elle est distribuée comme bénéfice exceptionnel.

Art. 46. — Le paiement des dividendes semestriels afférents aux actions a lieu sur la présentation du titre, et moyennant l'apposition sur un registre d'émargement, de la signature du titulaire ou de son fondé de pouvoir.

Du capital coopérateur et de la solidarité statutaire ou casuelle qui doit exister entre tous les membres de la Société.

Art. 47. — Le capital coopérateur se compose d'adhésions individuelles à l'engagement de fournir la Société de marchandises pour une somme déterminée, et toutes les fois que ces marchandises sont demandées par l'administration; peu importe que ces marchandises proviennent des manufactures du membre signataire de l'engagement ou des fabriques de

ses amis et cliens. — Une déclaration signée au moment de souscrire ou d'acheter une ou plusieurs actions du capital de garantie détermine l'obligation assumée par le sociétaire, et l'indemnité qu'il s'engage de payer à la Société dans le cas où il ne voudrait ou ne pourrait pas remplir son obligation. — L'administration détermine cette indemnité, qui ne peut cependant dépasser la moitié de la commission que les marchandises non livrées procureraient à la Société.

Nul ne peut être adhérent au capital coopérateur s'il n'est en même temps actionnaire.

Aucune responsabilité solidaire n'existe entre les membres de la Société, que celle qui résulte du nombre d'actions du capital de garantie possédées par chacun d'eux.

Toute autre responsabilité est volontaire, et peut-être déclinée.

Art. 48. — L'obligation de fournir la Société de marchandises est limitée à une somme représentant dix fois le montant du capital nominal des actions prises dans le capital de garantie.

Cette obligation est, en même temps, un droit pour l'actionnaire, droit qui consiste en ce que les marchandises qu'il peut fournir soient préférées à celles de tout autre individu étranger à la Société. Toutefois, le droit attribué aux actionnaires n'est pas tellement absolu, que la Société soit forcée de recevoir en consignation, malgré elle, des marchandises dont elle n'aurait point un placement probable et facile.

En conséquence, l'administration est juge de la convenance de requérir de chacun des actionnaires, les marchandises dont elle peut assumer la responsabilité de la vente.

Art. 49. — Tout actionnaire désigne et détermine la nature de la marchandise qu'il est en état de fournir à la Société. — Cette déclaration est répétée sur le certificat d'actions que l'administration délivre.

Art. 50. — La quantité, la qualité et la valeur des articles donnés par l'actionnaire en consignation à la Société, sont garanties par lui au moyen d'une déclaration apposée au bas de la facture, en double original. Cette garantie dure jusqu'à la complète réalisation des marchandises consignées, quels que soient les moyens que la Société puisse mettre en œuvre pour constater la véracité de la déclaration faite.

Art. 51. — Indépendamment de cette responsabilité que tout actionnaire assume en livrant la marchandise qui lui est demandée, la Société a droit à d'autres garanties. — Elle choisit deux parmi ses membres pour constater la quantité et la qualité de la marchandise livrée, ainsi que pour en certifier la valeur ou en réduire le total au chiffre qu'ils croient le plus juste.

Les deux membres *experts* garantissent solidairement la Société contre toute perte que pourrait entraîner une baisse imprévue, dans les prix de la marchandise, que l'insolvabilité casuelle de l'actionnaire qui en a fait la consignation, ne serait pas à même de supporter.

Art. 52. — Pour prix de cette garantie, les deux membres *experts* reçoivent de la Société une commission, dont le taux est fixé par elle, suivant la nature de la marchandise expertisée. — Cette commission portée au débit du propriétaire, ne peut pas cependant s'élever au-dessus de 1 0/0 de la somme garantie.

Le montant de la commission est partagé par moitié entre les deux experts responsables.

Art. 53. — La Société est libre de choisir pour faire cette expertise ceux de ses membres qui lui inspirent sous tous les rapports la plus grande confiance. Toutefois, dans le choix à faire, la Société doit avoir égard aux convenances de chacun, soit en raison des lieux où il faut se rendre, soit en raison des circonstances.

Aucun des membres de la Société ne peut être choisi comme expert responsable, s'il n'a d'avance exprimé le désir d'obtenir cette préférence.

Art. 54. — La Société ne paie les marchandises qui lui sont données en consignation qu'au fur et à mesure des ventes annoncées, et aux échéances des avances déterminées dans les conditions de vente. — Toutefois, elle peut faire des avances de fonds à ceux qui lui en demandent. — Ces avances peuvent avoir lieu par caisse, par l'acceptation de traites, par la remise d'obligations de la Société à courte ou à longue échéance, à échéance déterminée ou indéterminée, par des virements d'écritures, de telle manière enfin que la Société juge plus opportune.

Art. 55. — Les avances de fonds doivent être limitées, quant à leur importance et à leur durée, par l'administration de la Société, soit en raison de la nature des marchandises, soit en raison de l'éloignement du marché pour lequel elles sont destinées, soit enfin en raison des circonstances politiques, financières, industrielles ou commerciales dans lesquelles on se trouve. Mais les conditions fixées par l'administration pour les avances à faire, doivent être telles que, pour des produits similaires et pour des circonstances identiques, il ne soit fait aucune différence entre les uns et les autres sociétaires.

Art. 56. — Toute avance de fonds est passible d'une commission de banque et d'intérêts proportionnels, s'il y a lieu. Le taux de la commission et des intérêts doit être fixé d'une manière périodique et publique. Il doit être le même pour tous les membres de la Société.

Art. 57. — Dans toutes les dispositions importantes que l'administration est appelée à prendre, elle s'entoure de l'avis de ceux des membres de la Société qui, volontairement, consentent à assumer le rôle de membres protecteurs et conseillers de la Société.

TITRE VI

DES MEMBRES PROTECTEURS ET CONSEILLERS DE LA SOCIÉTÉ

Art. 58. — Sont membres protecteurs de la Société les adhérents, individus ou sociétés représentées par un de leurs chefs, qui, par leur haute position financière, individuelle ou commerciale, consentent à patroner la constitution de l'Union manufacturière, en la faisant connaître à leurs amis et connaissances, et en coopérant activement à inspirer dans le public la confiance dont une grande institution a le plus impérieux besoin pour se constituer et acquérir la bienfaisante influence dans les affaires, dont les fondateurs ont fait le but de leur création.

Art. 59. — Les membres protecteurs ne peuvent pas être en nombre inférieur à neuf ni supérieur à vingt-cinq.

La durée de leurs fonctions est illimitée; mais elle cesse du moment où l'un ou plusieurs d'entre eux sont nommés administrateurs ou censeur.

Chacun des membres protecteurs doit être propriétaire de cent actions du capital de garantie, inaliénables durant leurs fonctions.

Art. 60. — Le rôle de membre protecteur est entièrement volontaire; il consiste :

I. *A se constituer fondateur de l'*Union manufacturière, *en signant le prospectus qui indique les bases de la Société proposée ;*

II. *A examiner, approuver ou débattre les différents articles des présents Statuts, avant qu'ils ne soient proposés à l'assentiment de la première assemblée générale des actionnaires ;*

III. *A proposer, soit à cette même assemblée, soit aux assemblées futures, et toutes les fois qu'il y aura lieu de le faire, les candidats aux fonctions d'administrateur qui leur paraissent le plus aptes à bien les remplir ;*

IV. *A appuyer de leur avis tout changement aux dispositions statutaires que l'administration peut juger utile de proposer aux actionnaires réunis en assemblée générale, ou à leur refuser leur approbation en faisant connaître le motif de leur refus ;*

V. *A donner une opinion sur toutes les matières sur lesquelles l'administration croit devoir les consulter, et particulièrement sur la fixation du taux des commissions, ainsi que de celui des intérêts à recevoir ou à payer, tant à l'égard des membres de la Société qu'à l'égard des clients qui lui sont étrangers ;*

VI. *A donner, moyennant une commission de banque ou une rémunération à convenir, un concours effectif à l'administration, toutes les fois que celle-ci juge à propos de le réclamer pour appuyer sur de solides assises le crédit de la Société, soit en endossant ses effets de portefeuille, soit en facilitant par leur garantie individuelle ou collective l'émission d'obligations nominatives ou au porteur, à échéance déterminée ou amortissables par des tirages semestriels ;*

VII. *Enfin à accepter, toutes les fois que la demande leur en est faite, la mission d'arbitre amiable compositeur pour aplanir les difficultés qui pourraient surgir entre un ou plusieurs actionnaires et l'administration.*

Art. 61. — Les fonctions de membre protecteur sont spontanées.

En cas de compétition, les premiers qui ont exprimé le désir d'assumer ces fonctions sont préférés. Également, en cas de vacances, les plus anciens parmi les candidats ont le droit de se substituer aux membres protecteurs démissionnaires.

Art. 62. — Les membres protecteurs peuvent requérir à toute époque, directement, de l'administration, des renseignements précis sur l'état de situation de la Société, et sur tous les détails des affaires sociales.

Art. 63. — Toute réunion des membres protecteurs n'est que facultative; elle n'est pas imposée par les présents Statuts. Les avis qu'ils donnent individuellement deviennent pour l'administration une force, s'ils sont nombreux, conformes ou unanimes.

Art. 64. — Chacun des membres protecteurs a droit à une part proportionnelle de l'indemnité semestrielle que le titre XII leur attribue pour être partagée en autant de parts qu'il y a de membres protecteurs. Mais le rôle de ceux-ci est entièrement volontaire. Il n'entraîne pour eux aucune responsabilité qui ne soit librement assumée. Aussi ces membres peuvent toujours refuser le concours qu'on réclame d'eux. Ce refus cependant équivaut à une renonciation aux avantages, comme aux charges volontairement acceptées. Leur démission implicite ou explicite, les prive de tous droits au partage de l'indemnité semestrielle de l'exercice courant, que les statuts accordent aux membres protecteurs.

L'administration remplace alors par de nouveaux adhérents les membres démissionnaires.

TITRE VII

DE LA CRÉATION D'UN JOURNAL DE L'UNION MANUFACTURIÈRE

Art. 65. — Les communications de l'administration de la Société avec chacun des actionnaires doivent être suivies, périodiques. Ces communications, qui ont pour objet de donner des renseignements utiles autant pour les relations commerciales ou financières que pour les faits industriels, doivent être aussi étendues que le comportent la variété des informations à donner et la multiplicité des industries qui alimentent les affaires de la Société.

Par conséquent, en vertu des présents statuts, un journal hebdomadaire est créé ; il porte pour titre .

Journal de l'Union manufacturière de France.

Art. 66. — Ce journal contient principalement :

I. *Les informations politiques ou financières, industrielles ou commerciales, fournies à l'administration, autant par ses nombreux agents que par tout autre correspondant ;*

II. *Les prix courants, tant à Paris que dans les principaux centres de production ou de consommation des marchandises qui intéressent la Société ;*

III. *La cote de valeurs publiques françaises ou étrangères, celle des changes ou des matières précieuses, tant à Paris que partout où la Société a des rapports d'affaires ;*

IV. *Les ventes ou les achats pour lesquels la publicité est utile ;*

V. *Les statistiques du commerce international puisés aux comptes-rendus officiels les mieux autorisés ;*

VI. *Des polémiques d'actualités concernant l'économie politique, financière, industrielle ou commerciale ;*

VII. *Enfin, toutes les choses qui de près ou de loin intéressent le commerce français.*

Art. 67. — Le *Journal de l'Union manufacturière de France* accueille également des annonces, dont les prix pour les sociétaires sont inférieurs aux prix fixés pour les personnes étrangères à la Société.

Art. 68. — Le prix d'abonnement du journal est uniforme pour tout le monde, et n'est altéré qu'en raison des frais de poste que les distances imposent.

Art. 69. — Tout membre de la Société, tout agent et tout comptoir est abonné au *Journal de l'Union manufacturière.*

Le prix de l'abonnement pour chacun d'eux est porté en débet sur son compte courant.

Art. 70. — La direction du journal est confiée à un des administrateurs de la Société. Celui-ci peut s'entourer, pour la rédaction, de toutes les personnes qu'il juge aptes à mieux le seconder; mais les conditions de la collaboration sont déterminées par l'administration.

Un compte spécial est ouvert au journal dans les livres de la Société. Les dépenses et les recettes du journal sont portées au débit et au crédit de ce compte, dont le solde est considéré semestriellement comme bénéfice ou perte pour la Société.

TITRE VIII

DU CONSEIL D'ADMINISTRATION

Art. 71. — La Société est administrée par un conseil de huit membres, dont un censeur, tous nommés pour quatre ans par l'assemblée générale des actionnaires.

Toutefois chaque année le conseil est renouvelé par quart. Les deux membres sortants sont désignés par le sort pendant les trois premières années, ensuite par ordre d'ancienneté.

Tous les administrateurs sont indéfiniment rééligibles.

Art. 72. — Aucun candidat pour l'administration ne peut s'offrir au choix des actionnaires s'il n'est proposé ou appuyé par trois au moins des membres protecteurs de la Société. Tout actionnaire peut aspirer aux fonctions d'administrateur, mais, indépendamment de ses aptitudes personnelles, qui doivent être préalablement vérifiées et reconnues par les membres protecteurs, il faut que le candidat ait son domicile à Paris, et qu'il soit propriétaire de 75 actions depuis leur émission, où depuis six mois révolus avant le jour de l'élection.

A chaque émission d'une des trois séries d'actions qui restent à émettre, tout administrateur doit se constituer propriétaire de 75 nouvelles actions.

Lorsque le capital social aura atteint la somme de 20 millions de francs, chacun des administrateurs doit être titulaire de 300 actions depuis leur émission ou depuis six mois au moins.

Art. 73. — Les actions qui appartiennent aux administrateurs en vertu des dispositions de l'article précédent sont inaliénables pendant tout le temps où l'administrateur demeure en fonctions.

Art. 74. — En cas de vacances, le conseil, après avoir pris l'avis des membres protecteurs, pourvoit provisoirement au remplacement, en choisissant comme nouveaux administrateurs ceux parmi les actionnaires qui remplissent toutes les conditions d'éligibilité qui sont exigées par l'article 72.

L'assemblée générale, lors de sa prochaine réunion, procède à l'élection définitive. L'administrateur nommé pour combler une vacance survenue dans le conseil, ne demeure en fonctions que pendant le temps qui restait à courir de l'exercice de son prédécesseur.

Art. 75. — Le conseil d'administration élit dans son sein un président, un secrétaire général et un commissaire spécial.

Ces trois membres forment un comité exécutif chargé :

I. *De diriger toutes les opérations sociales, conformément aux décisions prises par le conseil d'administration ;*

II. *De nommer des officiers et des employés, ou de les révoquer ;*

III. *De nommer des agents et faire avec eux telles conventions qui sont jugées opportunes ;*

IV. *De constituer les différents comptoirs autorisés par l'administration et d'établir les bases des rapports qui doivent lier les comptoirs à la Société ;*

V. *De faire enfin tous les actes administratifs d'une gestion active et vigilante.*

Les membres du Comité exécutif valident tous les actes et tous les engagements sociaux en y apposant leurs trois signatures.

Ils peuvent toutefois déléguer par procuration la faculté de signer des actes spéciaux à un ou plusieurs parmi les administrateurs, les officiers, ou les employés.

Art. 76. — Le Conseil d'administration élit en outre dans son sein et en dehors du Comité exécutif :

I. *Un directeur du* Journal de l'Union manufacturière;

II. *Un chef du contentieux ;*

III. *Un directeur général du bureau des actions.*

Les fonctions attribuées à chacun des administrateurs, il les remplit pendant toute la durée du temps pour lequel il a été élu.

Art. 77. — Toute délibération du Conseil d'administration est prise à la majorité des voix des membres présents.

Aucune réunion du Conseil n'est apte à délibérer, si elle n'est composée de quatre administrateurs au moins. En cas de partage des voix, celle du président est prépondérante. Des procès-verbaux, signés par les membres du Conseil qui ont assisté aux délibérations, témoignent de la part que chacun d'eux y a prise.

Les copies ou extraits de ces délibérations à produire en justice où ailleurs sont certifiés par le président, ou par celui des membres du Conseil qui en remplit temporairement les fonctions.

Art. 78. — Le censeur, nommé par les actionnaires, n'a aucune voix délibérative dans le Conseil d'administration. Il assiste cependant à ses réunions; mais il ne peut faire aucun acte qui engage la responsabilité de la Société et doit se borner à veiller constamment à ce qu'aucune des prescriptions des Statuts ne soit transgressée, à vérifier périodiquement l'état de situation de la Société, et à empêcher ou signaler tous les abus d'où qu'ils viennent.

Ses observations, il doit les faire au Conseil, qui avisera. Mais si les observations du censeur étaient négligées ou méconnues, celui-ci peut convoquer une assemblée générale extraordinaire des actionnaires pour lui exposer les motifs de dissentiment qui existent entre lui et le Conseil d'administration. Cette convocation extraordinaire, faite par le censeur, implique de sa part la démission de ses fonctions.

L'assemblée convoquée procède à une nouvelle élection pour son remplacement.

Le censeur démissionnaire peut être réélu.

Art. 79. — En cas de maladie ou d'absence temporaire d'un des administrateurs ou du censeur, le président, désigne celui des membres du Conseil qui doit le remplacer dans ses fonctions.

En cas de maladie ou d'absence du président, le plus âgé parmi les administrateurs en remplit les fonctions intérimaires.

Art. 80. — Nulle rémunération fixe n'est attribuée aux membres du Conseil ni au censeur. Mais chacun d'eux reçoit des jetons de présence, dont la valeur est déterminée ainsi qu'il suit : A la fin de chaque exercice semestriel, on constate le nombre des jetons distribués. La part que les statuts réservent à l'administration sur les bénéfices nets réalisés, ainsi qu'il sera dit au titre XII, est divisé par le nombre des jetons distribués. Le quotient est la valeur du jeton, dont chaque membre du Conseil et le censeur reçoivent le montant en échange et proportionnellement au nombre des jetons que chacun d'eux possède.

Aucun administrateur ni le censeur ne peut recevoir plus de six jetons par semaine.

Art. 81. — Le Conseil a les pouvoirs les plus étendus pour l'administration des affaires de la Société et spécialement :

Il autorise l'établissement des comptoirs ;

Il fait les règlements de la Société ;

Il délègue ses pouvoirs au comité, et en fixe l'étendue ;

Il nomme ou révoque le directeur ou le contrôleur général dont il sera parlé au titre IX ;

Il autorise les dépenses de l'administration, les baux et les traités, la main-levée avec ou sans paiement de toute opposition ou inscription hypothécaire ;

Il statue sur la convenance de toute action judiciaire, tant en demandant qu'en défendant ;

Il fixe toutes les conditions d'intérêts, de commissions et de frais quelconques, tant à l'égard des sociétaires qu'à l'égard des comptoirs et des tiers ;

Enfin, il arrête les comptes qui doivent être soumis à l'assemblée générale des actionnaires, et fait à cette assemblée un rapport sur la situation des affaires sociales.

Art. 82. — Les membres du Conseil d'administration et le censeur, quelle part qu'ils prennent dans la gestion des affaires de la Société, ne contractent, à raison de cette même gestion, aucune obligation personnelle, et ne répondent que de l'exécution de leur mandat.

Art. 83. — Le comité exécutif, sous l'autorité du Conseil, a la direction des affaires sociales.

Il représente la Société vis-à-vis des tiers pour l'exécution des décisions du Conseil.

Il signe la correspondance, l'endossement des effets de commerce, les transferts de rentes sur l'État et d'effets publics appartenant à la Société, les traites, les mandats, les récépissés et les acceptations d'effets, les obligations émises par la Société à courte ou à longue échéance, les mains-levées, transactions ou marchés, les actes d'achat ou de vente d'effets mobiliers ou immobiliers, et généralement tous actes portant engagements de la part de la Société.

Mais il peut déléguer ces pouvoirs au secrétaire général du Conseil, chargé, par ses fonctions, de la partie la plus active de la gestion des affaires sociales, et en lui déléguant ces pouvoirs il peut, en raison de la responsabilité plus grande qui en est pour lui la conséquence, lui attribuer telle rémunération, ou telle indemnité qui serait convenable et juste.

Le Comité peut également déléguer des pouvoirs partiels à un des administrateurs ou directeurs, ou à tel, parmi les officiers et employés de la Société qu'il en juge digne, pour un temps limité ou indéfini.

TITRE IX

DU DIRECTEUR ET DU CONTROLEUR GÉNÉRAL.

Art. 84. — Le Conseil d'administration choisit et nomme un directeur et un contrôleur général, pris l'un et l'autre en dehors du conseil.

Art. 85. — Le directeur propose, discute, traite et dirige, sous la surveillance immédiate du comité exécutif, les affaires courantes de la Société, distribue le travail aux différents employés, et prend, en qualité de fondé de pouvoir du comité exécutif, une part active à la correspondance ainsi qu'à toutes les transactions. Il propose à la nomination du comité tous les officiers et employés des bureaux, et en demande, s'il y y lieu, la révocation.

Art. 86. — Le contrôleur général ne peut prendre aucune part active dans la gestion des affaires sociales, et ne peut par conséquent assumer, comme fondé de pouvoir, aucune mission qui engage la responsabilité de la Société.

Mais le contrôleur général est spécialement chargé d'inspecter à toute époque qu'il juge convenable, et de constater :

I. *L'état de la caisse de l'argent et de la caisse des titres;*

II. *La contenance du portefeuille;*

III. *La régularité des écritures;*

IV. *La correspondance;*

V. *Les approvisionnements des bureaux;*

VI. *La conduite, le travail et la tenue de tous les officiers et employés;*

VII. *Toutes les opérations projetées et accomplies.*

Le contrôleur est chargé en outre de prendre des informations minutieuses sur chacun des officiers et employés de l'administration, que le directeur propose à la nomination du Comité, et de donner des avis affirmatif ou négatif sur l'opportunité et la convenance du choix fait par le directeur; de vérifier tout motif de réclamations ou tout redressement de comptes; d'examiner, comparer et dresser, dans un tableau général, les états périodiques de situation des différents comptoirs; enfin, de prévenir tous les abus qui pourraient se produire, soit dans la gestion générale des affaires, soit dans les détails de leur exécution, en les signalant à leurs auteurs d'abord, et ensuite au censeur, tantôt verbalement, tantôt par des rapports écrits.

Art. 87. — Le directeur en prenant l'initiative des opérations à faire et le contrôleur en ne s'y opposant pas, assurent l'un et l'autre aux affaires la pondération nécessaire.

Tout dissentiment qui surviendrait entre ces deux officiers doit être portée immédiatement à la connaissance du Comité exécutif, qui prononce séance tenante, et d'une manière souveraine, sur la question en litige.

Art. 88. — Le directeur et le contrôleur général ont dans la hiérarchie des officiers de l'administration une situation égale.

Les avantages que l'administration fait à l'un, sont faits à l'autre. Chacun d'eux a droit à 1 0/0 dans les bénéfices nets semestriels. Le montant total de cette rémunération est portée au compte des frais généraux avant la clôture définitive des écritures.

L'administration fixe un *minimum* auquel peut s'élever pour le directeur et pour le contrôleur la rémunération qui est attribuée à l'un et à l'autre par le présent article.

Art. 89. — Le directeur et le contrôleur général donnent tout leur temps et leurs meilleurs soins aux fonctions dont ils sont investis. — Ils ne peuvent l'un et l'autre avoir aucune autre occupation ou emploi.

— Ils ne peuvent pas non plus s'absenter temporairement de Paris sans en avoir obtenu l'autorisation expresse du Comité exécutif.

En cas de maladie ou d'absence temporaire de l'un d'eux, le Comité exécutif pourvoit à leur remplacement.

En cas de mort, c'est au Conseil d'administration à aviser au remplacement du décédé.— Il est tenu compte alors, à ses héritiers ou ayants-cause, de la part qui lui était réservée sur les bénéfices semestriels, proportionnellement au temps pendant lequel il est resté en fonctions.

Art. 90. — Si le Conseil d'administration le juge nécessaire, un cautionnement peut être exigé du directeur et du contrôleur général, mais ce cautionnement ne peut pas être investi en actions de la Société.

TITRE X

DES ASSEMBLÉES GÉNÉRALES.

Art. 91. — L'assemblée générale des actionnaires, régulièrement constituée, représente l'universalité des actionnaires, même les absents ou les dissidents.

Art. 92. — Dans les premières assemblées générales appelées à statuer sur les cas prévus par les articles 4, 5 et 6, de la loi sur les Sociétés à responsabilité limitée, tous les actionnaires, quel que soit le nombre d'actions dont ils sont titulaires, sont admis avec voix délibérative.

Une fois la Société constituée, les actionnaires propriétaires de vingt-cinq actions ou plus, peuvent seuls prendre part aux délibérations des assemblées générales.

Vingt-cinq actions donnent droit à une voix, cinquante à deux voix, soixante-quinze à trois voix et ainsi de suite. Cependant aucun parmi les votants ne peut avoir plus de dix voix.

Art. 93. — Tout actionnaire ayant droit d'intervenir à une assemblée générale, peut se faire représenter par un mandataire muni d'une procuration régulière dont le modèle est distribué au siége social, à tous les membres de la Société qui en font la demande.

Les mandataires peuvent représenter à la fois plusieurs actionnaires et n'être pas actionnaires eux-mêmes.

Les procurations doivent être déposées au siége social, cinq jours au moins avant le jour fixé pour la réunion.

Art. 94. — Les assemblées générales se réunissent au siége social ou dans tout autre local indiqué par la convocation faite, d'abord par les fondateurs, ensuite par le conseil d'administration où par le censeur de la Société.

Art. 95. — Une assemblée ordinaire a lieu tous les semestres, un mois après le jour fixé pour la fermeture des comptes.

Art. 96. — Toute assemblée générale doit être composée d'un nombre de votants représentant la moitié au moins du capital social.

Mais si ce nombre n'est pas atteint, une nouvelle convocation a lieu à quinze jours au moins de distance de la première. La nouvelle assemblée délibère alors valablement, quelle que soit la portion du capital représentée.

Cependant les premières assemblées convoquées en vertu des articles 4, 5 et 6, de la loi sur les Sociétés à responsabilité limitée, et les assemblées extraordinaires, réunies pour délibérer sur des modifications aux statuts, sur des propositions ayant pour but de continuer la Société au delà du terme fixé pour sa durée, ou de la dissoudre avant ce terme, ne sont régulièrement constituées, et ne délibèrent valablement, qu'autant qu'elles sont composées d'un nombre de votants représentant la moitié au moins du capital social.

Art. 97. — Les convocations aux assemblées générales sont toujours faites quinze jours au moins avant le jour fixé pour la réunion, au moyen de lettres adressées au domicile de tous les actionnaires et par une insertion au *Moniteur universel* ainsi qu'au *Journal de l'Union manufacturière de France*.

Ces circulaires et ces insertions contiennent toutes les matières mises à l'ordre du jour, les rapports, comptes rendus, et propositions du Conseil d'administration ou du censeur.

Elles contiennent également toutes les propositions de candidatures pour l'administration, ainsi que les noms des membres protecteurs qui les patronnent.

Aucun objet ne peut être mis en délibération séance tenante, s'il n'a été prévu par l'ordre du jour publié d'avance.

Toute proposition, d'où qu'elle vienne, ne peut faire l'objet d'une délibération qu'à une réunion suivante, dont l'assemblée elle-même fixe l'époque.

L'assemblée peut se proroger à un jour prochain et désigné par elle.

Art. 98. — Avant que la Société ne soit définitivement constituée et le conseil d'administration nommé, toute assemblée générale est présidée par le plus fort actionnaire, et sur son refus par celui qui le suit dans l'ordre de la liste jusqu'à acceptation.

En cas de compétition entre deux ou plusieurs actionnaires, le plus âgé préside.

L'administration une fois nommée, le président du conseil ou celui des administrateurs qui le remplace préside les assemblées.

Les réunions d'actionnaires convoquées par le censeur sont présidées par celui-ci.

Pour la formation du bureau, le président d'une assemblée désigne deux scrutateurs et un secrétaire parmi les membres présents.

Art. 99. — Les délibérations sont prises à la majorité des voix exprimées, en tenant compte du nombre de voix que l'article 92 attribue à chacun des intervenants.

Art. 100. — Les assemblées discutent, adoptent ou rejettent toute proposition qui leur est faite, et les comptes semestriels; fixent les dividendes à distribuer; nomment les administrateurs et le censeur ainsi que des commissaires spéciaux, soit au moment de constituer la Société, soit toutes les fois qu'il s'agit de combler une vacance.

Enfin, elles prononcent souverainement sur tous les intérêts de la Société et confèrent par leurs délibérations au conseil d'administration tous les pouvoirs nécessaires, même pour les cas qui ne sont pas prévus par les présents statuts.

Art. 101. — Les assemblées ordinaires, au début de chaque exercice, nomment trois commissaires spéciaux pour vérifier les comptes semestriels de l'exercice courant, et pour faire à l'assemblée ordinaire suivante un rapport sur le résultat de leurs vérifications. — Les assemblées, en même temps qu'elles nomment les trois commissaires spéciaux, fixent l'indemnité qui doit leur être payée.

Art. 102. — Les délibérations des assemblées sont constatées par des procès-verbaux inscrits dans un livre spécial et signés par tous les membres du bureau. Une feuille de présence, destinée à constater le nom et le domicile de tous les intervenants d'une assemblée, ainsi que le nombre d'actions représentées par chacun d'eux, demeure annexée à la minute du procès-verbal. Elle est revêtue des mêmes signatures.

Art. 103. — La justification à faire vis-à-vis des tiers des délibérations d'une assemblée résulte de copies ou extraits de procès-verbaux certifiés conformes par le président du Conseil ou par celui des administrateurs qui le remplace.

TITRE XI

DES INVENTAIRES ET BILANS SEMESTRIELS, AINSI QUE DES ÉTATS DE SITUATION.

Art 104. — L'assemblée générale constitutive de la Société fixe les deux époques de l'année où les inventaires et les bilans semestriels doivent être dressés.

Le premier exercice comprend le temps écoulé entre la constitution définitive de la Société et la première des époques fixées pour ses bilans et inventaires semestriels.

La situation active et passive de la Société résultant des inventaires et bilans semestriels est résumée par les soins du Comité exécutif.

Le Comité exécutif fait également dresser le premier de chaque mois un état de situation résultant des écritures générales arrêtées au dernier jour du mois précédent.

Art. 105.— Les inventaires semestriels dressés par le Comité exécutif, arrêtés par le Conseil d'administration, vérifiés et visés par le censeur, et par les commissaires spéciaux nommés à l'assemblée générale ordinaire du précédent semestre, sont soumis à l'approbation des actionnaires

réunis en assemblée générale qui les discutent, les approuvent ou les rejettent.

Art. 106. — Le président du Conseil d'administration fait à l'assemblée semestrielle des actionnaires un rapport sur la marche des affaires sociales; le censeur fait connaître le résultat des vérifications auxquelles il s'est livré, et les commissaires spéciaux expriment leur opinion sur la gestion des affaires sociales et sur les écritures.

A la suite du rapport du président, ainsi que des observations du censeur et des commissaires spéciaux, l'assemblée générale des actionnaires fixe définitivement les dividendes à distribuer.

TITRE XII

DU PARTAGE DES BÉNÉFICES.

Art. 107. — Les bénéfices, déduction faite de toutes les charges, constituent les bénéfices à partager. Le partage a lieu ainsi qu'il suit :

10 0/0 destinés à former un fonds de réserve.

5 0/0 pour les membres protecteurs de la Société, et divisés en autant de parts qu'il y a de membres.

8 0/0 au Conseil d'administration et à chacun des membres, proportionnellement au nombre des jetons représentés.

1 0/0 pour constituer, entretenir et grossir une caisse de secours et de retraite dont l'administration, par un règlement spécial, établira les bases au profit des officiers et employés de la Société.

38 0/0 pour les sociétaires du capital coopérateur. La somme des commissions de vente que chacun d'eux a procurée à la Société par les marchandises données en consignation sert de base à la proportionnalité des parts auxquelles les membres coopérateurs ont droit.

38 0/0 enfin, pour les actionnaires du capital de garantie et proportionnellement au nombre d'actions dont chacun d'eux est titulaire.

Art. 108. — La répartition des bénéfices se fait aux époques que le Conseil d'administration fixe.

Art. 109. — Tout dividende qui n'est pas réclamé dans les cinq ans de son exigibilité, est prescrit au profit de la caisse de retraite des officiers et employés.

TITRE XIII

DU FONDS DE RÉSERVE.

Art. 110. — Le fonds de réserve se compose de l'accumulation des sommes produites par le prélèvement semestriel opéré sur les bénéfices en vertu de l'article 107.

La somme prélevée semestriellement du bilan, pour former un fonds de réserve, jouit d'un intérêt de 10 0/0 l'an, imputable sur le compte des intérêts et escomptes. Cet intérêt est porté chaque semestre au crédit du compte de la réserve.

Le prélèvement affecté à la création et à l'entretien du fonds de réserve, ne cessera que lorsque ce fonds aura atteint la moitié du capital social de garantie.

Il reprend son cours si la réserve vient à être entamée.

En cas d'insuffisance des bénéfices d'un exercice pour fournir aux actionnaires du capital de garantie un dividende représentant au moins l'intérêt des actions, calculé au taux de 6 0/0 l'an, la différence peut être prise sur le fonds de réserve.

TITRE XIV

DES MODIFICATIONS DES STATUTS.

Art. 111.— L'assemblée générale des actionnaires peut, sur l'initiative du Conseil d'administration apporter aux présents statuts, toutes modifications reconnues utiles.

Elle peut notamment décider :

I. *L'extension des opérations de la Société ou leur restriction ;*

II. *La prolongation de la durée de la Société ;*

III. *Sa dissolution anticipée.*

Elle peut également décider la réduction du capital social, ou son augmentation dans le cas où la loi du 23 mai 1863 viendrait à être modifiée.

Dans tous les cas où des modifications aux statuts sont jugées utiles, les délibérations ne sont valables qu'autant que le nombre des votants représente au moins la moitié du capital social de garantie.

TITRE XV

DE LA DISSOLUTION ET DE LA LIQUIDATION DE LA SOCIÉTÉ.

Art. 112. — En cas de perte constatée du quart du capital de garantie, une convocation immédiate des actionnaires doit avoir lieu afin de décider s'il peut être utile de dissoudre de suite la Société et de procéder à sa liquidation.

En cas de perte constatée de la moitié du capital de garantie, la dissolution de la Société est de plein droit.

L'assemblée générale convoquée à l'effet d'entendre la proclamation du Conseil d'administration, annonçant la nécessité de dissoudre la Société, n'a aucun pouvoir pour en décider autrement.

Art. 113. — A l'expiration de la Société, ou en cas de dissolution anticipée, l'assemblée générale convoquée spécialement par le Conseil d'administration règle le mode de liquidation et nomme un ou plusieurs liquidateurs.

Les liquidateurs peuvent, en vertu d'une décision de l'assemblée générale, faire le transport à une autre Société des droits, actions et obligations de la Société dissoute. Pendant le cours de la liquidation, les pouvoirs de l'assemblée générale se continuent comme pendant l'exercice de la Société.

Elle a notamment le droit de discuter, d'approuver ou de rejeter les comptes de la liquidation, ainsi que d'en donner quittance.

La nomination des liquidateurs met fin au pouvoir du Conseil d'administration et du Comité exécutif, ainsi qu'à toutes les délégations de pouvoir qui ont pu être données.

TITRE XVI

DES CONTESTATIONS.

Art. 114. — Toutes les contestations qui pourraient s'élever pendant la durée de la Société ou lors de la liquidation, soit entre l'administration ou les liquidateurs et les actionnaires, soit entre les actionnaires eux-mêmes et à raison des affaires sociales, sont jugées conformément à la loi.

Mais, avant tout exploit judiciaire, les réclamations sont portées devant un tribunal arbitral composé de trois parmi les membres protecteurs de la Société, dont deux choisis par chacune des parties, et le troisième par les deux autres arbitres. Ce tribunal arbitral décide les questions qui lui sont posées, et agit comme amiable compositeur

Art. 115. — Tout actionnaire fait élection de domicile à Paris. Les notifications et assignations judiciaires sont valablement faites au domicile élu par lui, sans avoir égard à la distance du domicile réel.

A défaut d'élection de domicile, cette élection a lieu de plein droit, pour les notifications ou les assignations judiciaires, au parquet de M. le procureur impérial de première instance du tribunal de la Seine. Le domicile élu formellement ou implicitement comme il vient d'être dit, entraîne attribution de juridictions aux tribunaux compétents du département de la Seine.

Nota. *Les articles des présents Statuts seront lus et discutés séparément devant l'Assemblée générale; ils ne seront définitivement approuvés qu'après une discussion contradictoire.*

PREMIER APPENDICE

INSTRUCTIONS GÉNÉRALES POUR LES AGENTS

DE

L'UNION MANUFACTURIÈRE DE FRANCE

L'agent qui a été agréé par le Conseil d'administration, doit, avant de de se rendre à son poste, s'informer du nom, de l'importance, et de la manière de travailler des principales maisons de commerce de l'endroit où il se propose de résider. Il ne doit partir qu'après s'être muni du plus grand nombre possible de lettres de recommandation énonçant franchement le but qu'il a en vue.

Il doit surtout, avant de partir, se mettre au courant du nom des sociétaires de l'*Union manufacturière*, ainsi que des différents articles que chacun d'eux peut fournir à la Société pour l'exportation.

Autant que possible, il doit se procurer des échantillons variés des marchandises qui sont présumées convenir à la consommation de l'endroit où il va se rendre.

A peine arrivé à destination, l'agent doit se présenter partout où il a été recommandé et tâcher d'obtenir de toutes les maisons auxquelles il fait visite les renseignements les plus minutieux :

I. *Sur le commerce du pays ;*

II. *Sur les ressources qu'on peut y trouver pour les ventes comme pour les achats ;*

III. *Sur les habitudes de traiter les affaires financières ;*

IV. *Sur les principaux articles qu'on exporte ;*

V. *Sur les exigences des exportateurs.*

VI. *Sur les principaux négociants du pays, leur manière de travailler, leur fortune et leur caractère ;*

VII. *Enfin sur toute chose utile à connaître pour qui veut fonder un établissement commercial.*

L'agent met immédiatement la Société au courant de toutes les informations qu'il obtient, et au fur et à mesure qu'il les obtient, tant sur les choses que sur les personnes.

En attendant les réponses que la Société ne saurait manquer de faire à ses lettres le plus promptement possible, l'agent doit chercher des adhésions au projet d'instituer dans la localité même un comptoir de l'*Union manufacturière.*

Il y a presque partout des négociants français, et dans beaucoup d'endroits toute une colonie de Français, dont il peut être utile de réclamer le concours, autant pour ne point nuire à leur commerce que pour ne point les avoir hostiles à une institution essentiellement française.

Quoiqu'il soit très-utile d'avoir pour affiliés à l'entreprise commerciale nouvelle nos nationaux à l'étranger, il faut cependant avoir soin de ne point laisser en dehors du comptoir à fonder celles des maisons du pays, qui sont considérées comme les plus influentes.

L'association à former pour l'établissement d'un comptoir peut n'être que financière; c'est-à-dire elle peut n'être qu'une association de capitaux dirigée par un ou plusieurs gérants, ou bien par un Conseil d'administration. Il en sera ainsi toutes les fois qu'il y aura entre les maisons adhérentes des différences trop sensibles dans la position qu'elles occupent sur le marché.

L'importance du capital à constituer n'est et ne peut pas être indiquée d'avance. Il s'élèvera à la somme qu'il conviendra aux fondateurs de déterminer.

Cependant il importe que le capital du comptoir soit proportionné autant que possible au nombre des consommateurs de la localité.

Par conséquent on peut dire dès à présent :

I. *Que le capital d'un comptoir ne peut en aucun cas être inférieur à une somme équivalente à deux cent mille francs ;*

II. *Que ce capital doit au moins s'élever à une somme égale au nombre des habitants du pays.*

Il n'est pas inutile de faire observer que le capital d'un comptoir sert de base à l'*Union manufacturière* pour l'importance du dépôt de marchandises qu'il s'agit d'entretenir d'une manière permanente.

Il est donc évident que plus le capital du comptoir est considérable, plus les assortiments de marchandises seront vastes et complets.

D'ailleurs, plus un pays est éloigné de France, plus les assortiments doivent être importants ; car, quelque diligence qu'on y mette, les approvisionnements du dépôt à entretenir n'arrivent pas toujours avec la promptitude et la régularité désirables. Il serait, par conséquent, difficile de former et de satisfaire une clientèle d'acheteurs, si, pendant des périodes plus ou moins longues, l'entrepôt français était dépourvu des marchandises les plus demandées.

Dans l'appréciation du capital nécessaire à un comptoir, il faut donc que l'agent prenne en sérieuse considération la situation de la place où il se trouve, et la facilité plus ou moins grande des communications avec Paris.

L'agent doit éviter autant que possible d'exercer une trop grande influence dans le choix de celui ou de ceux qui ont à diriger un comptoir, quoiqu'il lui soit permis de désigner les personnes, qui, à son avis sont le plus aptes à assumer cette direction.

L'agent doit se borner à obtenir parmi les habitants les adhésions nécessaires à la constitution d'un comptoir ; et ces adhésions obtenues, il n'a qu'à réunir les adhérents et à leur faire connaître les bases que la Société de Paris préfère voir adopter au comptoir.

Il leur explique entr'autres choses que, dans l'intérêt du comptoir comme dans l'intérêt de l'*Union manufacturière de France*, il importe grandement que les échanges soient aussi suivis et aussi importants que possible ; que le capital dont le comptoir dispose doit être employé presque en totalité à couvrir la Société française des avances qu'elle a faites par l'envoi des marchandises ; enfin il leur fera comprendre que, plus les retours faits par le comptoir sont prompts, plus les approvisionnements de l'entrepôt se succèdent avec rapidité.

Ainsi, par exemple, si, aussitôt que le comptoir a reçu l'avis d'un envoi de marchandises s'élevant à 200,000 francs, il s'empresse de remettre à Paris pour une somme égale, du papier direct ou indirect, de l'or ou de l'argent ; si, pour son propre compte ou pour compte de ses amis et clients il annonce l'expédition de certaines parmi les marchandises que le pays exporte, en en remettant facture et connaissement, immédiatement il lui est fait, par l'*Union manufacturière*, un nouvel envoi d'articles que le comptoir préfère. Le dépôt de marchandises auprès du comptoir s'élèvera ainsi par conséquent à 400,000 francs, c'est-à-dire au double de son capital.

Pour l'entretien régulier de ce dépôt, le comptoir n'aura plus par la suite qu'à faire des remises ou des envois au fur et à mesure des ventes réalisées ; les expéditions de France devant être toujours proportionnées au nombre et à l'importance des remises faites par le comptoir.

Si un négociant quelconque peut n'être pas toujours en mesure d'entretenir un dépôt de marchandises, il n'en est pas de même de l'*Union manufacturière de France*, qui, par sa constitution, par les engagements de ses sociétaires, et par sa clientèle, peut disposer d'une aussi grande quantité de marchandises qu'on est en mesure d'en vendre.

La certitude d'avoir un aliment sûr et continu d'affaires avantageuses est tellement une chose précieuse, qu'il n'y a pas un négociant qui ne la tienne en très-grand compte.

L'association de capitaux formée pour constituer un comptoir peut, dans certains moments et dans certains endroits, rencontrer des difficultés, soit qu'il ne se trouve pas à point nommé des hommes jouissant d'une confiance publique suffisante pour administrer ces capitaux, soit que les versements immédiats des fonds nécessaires ne trouvent pas tout le monde disposé à les faire, soit enfin qu'on juge dangereux, dans le doute de bien réussir, d'organiser de grands bureaux avec un nombreux personnel et de prendre à bail des magasins qu'on peut ne pas être sûr de voir fréquemment remplir.

Dans ce cas, un comptoir peut être constitué par la réunion d'un certain nombre parmi les meilleures maisons du pays, formant ce qu'on nomme un syndicat, pour faire toutes les opérations qu'un comptoir a mission de faire. Les maisons ainsi réunies répartissent entre elles les différentes affaires de marchandises ou de banque, suivant la spécialité de chacune d'elles. Cette répartition peut être faite d'accord et à l'amiable, elle peut être proportionnelle à l'intérêt que chaque maison a pris dans la constitution du comptoir. Elle peut enfin être l'objet d'une enchère entre ses membres.

Celles de ces maisons qui se chargent de la vente des marchandises envoyées en consignation, répondent également de leur manutention, en fournissant les magasins destinés à les recevoir. Elles font au syndicat des avances sur le produit des marchandises reçues, soit par caisse, soit par la remise d'effets de leurs portefeuilles, soit par leurs billets à ordre à l'échance qui concorde avec les usages locaux.

Le syndicat pourra se servir de l'argent ou des effets reçus par un ou plusieurs de ses membres, pour faire des avances aux exportateurs de la place qui se disposeraient à faire des envois à la Société de Paris, ou bien pour faire à celle-ci des remises immédiates après avoir réalisé par l'escompte les effets reçus.

Le syndicat ou le comptoir peut être constitué avec un capital déterminé ou indéterminé. Dans le premier cas, les maisons qui le composent limitent leur responsabilité; dans le second, elles sont indéfiniment et solidairement responsables.

En résumé, l'Union manufacturière de France n'impose aucune forme spéciale à la constitution d'un comptoir. Juge souverain de la confiance qu'il y a lieu de lui accorder, elle s'en remet pour la constitution à la sagacité de l'agent, et surtout à son intérêt; car il est évident que, s'il peut être utile à l'agent de constituer au plus vite un comptoir, il ne lui est pas moins utile de le constituer de sorte à pouvoir donner aux échanges l'importance la plus grande. Il est également de l'intérêt de l'agent comme du comptoir même, de donner aux affaires la plus grande activité possible. Aussi, doit-il solliciter toujours le comptoir de faire des envois en France, d'argent ou de marchandises, et lui en faciliter les moyens en tâchant de lier les intérêts des principaux exportateurs avec les intérêts du comptoir pour obtenir des consignations importantes et suivies à l'Union manufacturière de France.

Les rapports d'un comptoir avec la Société de Paris doivent être larges et faciles. Aussi bien, peut-il arriver souvent que le comptoir qui, d'ordinaire doit être acheteur de papier à remettre, se trouve dans le cas de disposer sur Paris, tantôt pour profiter d'un change avantageux, tantôt pour satisfaire aux besoins de sa clientèle. Il est évident que des opérations de ce genre ne pourraient jamais avoir lieu si le comptoir ne se montrait pas habituellement large dans ses remises ou dans ses envois de marchandises.

Les marchandises que l'Union manufacturière expédie à un comptoir sont facturées en francs et contrôlées. Les prix portés sur la facture doivent servir de base pour la vente.

Le comptoir chiffre le montant de la facture au change offert pour le papier. Il y ajoute tout ce qui a été payé pour frais de transport, droits d'entrée ou pour tout autre raison. Il y ajoute également le *quantum* qui a été fixé d'accord avec la Société française pour commissions, ducroire, magasinages et intérêts pour les jours à courir dans les ventes faites à terme, suivant les usages de la localité, de manière que le produit net des marchandises vendues ressorte égal au prix fixé par le propriétaire de la marchandise.

L'agent doit surveiller ces calculs pour éviter d'une part qu'il y ait erreur en moins sur le prix désiré, et d'autre part que, par un zèle, fort louable sans doute, mais dangereux, on ne mette des entraves à la vente, en demandant des prix trop élevés et en disproportion avec le cours momentané de ces mêmes marchandises.

L'agent ne doit pas admettre que, même dans l'intérêt de l'expéditeur de la marchandise on en diffère la vente dans le but de spéculer sur la hausse future et probable des prix, pour un article quelconque.

Quoiqu'il ne soit pas défendu à l'agent ni au comptoir de chercher à obtenir de meilleurs prix de la marchandise que les prix fixés, il doit être entendu que l'on ne doit déployer ce zèle qu'autant que la vente es immédiate. Si des circonstances dont l'appréciation ne peut pas être donnée par l'Union manufacturière, faisaient prévoir au comptoir une hausse future et probable de l'un, parmi les articles qu'il a en vente, le comptoir n'a pas la faculté de spéculer pour son compte sur la plus-value à obtenir, en annonçant à la Société française une vente qui ne serait pas réellement faite; car s'il lui était permis de faire de semblables spéculations, les intérêts du comptoir pourraient dans certains moments se trouver en opposition avec l'intérêt des expéditeurs de la marchandise, qui, sur la foi de la vente annoncée, se disposeraient à renouveller l'approvisionnement d'articles pareils.

Mais, si le comptoir doit se borner à exécuter ponctuellement les instructions reçues, et ne point assumer pour son propre compte des marchandises dont la possession rendrait la disponibilité de ces fonds moins prompte, il n'est pas et ne peut pas être défendu à un ou à plusieurs des membres du comptoir de spéculer sur la plus-value probable d'un article quelconque dont la vente est confiée au comptoir, pourvu que le prix en soit immédiatement payé soit en argent comptant, soit en promesses facilement négociables.

L'agent doit se tenir au courant de toutes les opérations d'un comptoir, afin de les faciliter par son activité et par tous les moyens qui sont à sa disposition.

Les communications de l'agent avec l'Union manufacturière de France, doivent être aussi fréquentes que possible, et toujours confidentielles pour pouvoir garder toute sa liberté dans l'appréciation des hommes et des choses de l'endroit où il réside. Si les renseignements qu'il donne sont utiles à faire connaître, on ne les publiera qu'en faisant des extraits de ces communications, et en évitant d'y insérer des personnalités ou des choses dont la publicité pourrait nuire directement ou indirectement à l'agent.

Au contraire, les communications d'un comptoir avec la Société de Paris doivent être conçues de façon à être publiées entières et telles qu'elles ont eu lieu.

En somme, l'agent doit, dans toutes les circonstances, être l'inspirateur du comptoir, auprès duquel il est établi, et par son activité et son initiative, il doit secouer la négligence ou la torpeur des personnes qui, par suite d'anciennes habitudes, ne savent pas sortir de l'ornière dans laquelle elles ont toujours vécu.

Telles sont à peu près les instructions générales pour tous les agents de la Société. Chacun d'eux cependant, recevra, avant de partir pour l'endroit où il doit résider, des instructions particulières appropriées au pays et aux circonstances.

DEUXIÈME APPENDICE

DE L'INSTITUTION DES COMPTOIRS

DE

L'UNION MANUFACTURIÈRE DE FRANCE

L'article 22 des statuts de la Société dit que le rôle d'un Comptoir doit être celui d'une *maison correspondante* dont les intérêts, quoique liés avec ceux de la Société par de nombreux et incessants échanges, demeurent libres de toute attache qui pourrait gêner la liberté d'action nécessaire.

Il paraîtrait, d'après cela, qu'il suffirait de choisir la meilleure parmi les bonnes maisons d'un pays, et de lui confier la gestion de toutes les affaires que l'Union manufacturière doit y faire.

Sans repousser d'une manière générale et absolue l'idée d'instituer un Comptoir auprès d'une bonne maison déjà établie, il est utile de faire observer qu'une maison, quelle qu'elle soit, entoure ses affaires commerciales d'un tel mystère, que sa solvabilité devient une chose de simple appréciation.

Les plus riches établissements commerciaux, ceux qui sont le mieux connus et plus influents renferment souvent dans leur sein des causes de ruine, que tout le monde ignore, parce que l'intérêt de ces établissements exige qu'on cache soigneusement à tous les yeux le mauvais germe qui les ronge.

Parmi ces causes de ruines, on peut citer, par exemple, les grandes dépenses annuelles qu'une haute position dans le monde impose aux personnes les plus économes..... On peut citer ces relations anciennes que la parenté ou l'amitié a fait naître avec des maisons peu solvables et trop entreprenantes qui se livrent imprudemment à des spéculations dangereuses..... On peut citer, enfin, les entraînements de toutes sortes qui environnent les négociants haut placés, entraînements auxquels, après leur avoir résisté longtemps, on cède quelquefois, et alors que des affaires antérieures, brillamment et heureusement conduites, donnent à un homme cette assurance qui n'admet point d'entraves servant de pondération nécessaire.

La Société des manufacturiers français doit connaître aussi bien que possible les correspondants qu'elle se donne, et ne point baser des opérations multiples et importantes sur des appréciations vagues, plus ou moins exactes, et presque toujours incertaines.

Par ces motifs, les statuts de la Société ont posé en principe :

1° Que la solvabilité d'un Comptoir doit lui être prouvée ;

2° Que ses opérations doivent être contrôlées.

Aucune maison ayant le sentiment de sa propre dignité ne voudrait certainement pas se soumettre à un examen approfondi de sa situation, et à des critiques qui pourraient aboutir au refus de ses propositions.

Aucune maison respectable ne voudra pas non plus admettre que toutes ses opérations soient contrôlées.

Il s'ensuit qu'un Comptoir doit être un établissement nouveau dont la constitution soit de nature à donner la plus grande certitude d'une solvabilité proportionnelle à la responsabilité qu'il assume.

Cependant, quoique un Comptoir ne doive point avoir de précédents commerciaux dont les obligations puissent être pour lui une gêne, il est utile que son établissement ne prenne pas la place occupée déjà par d'autres institutions, et vienne susciter des rivalités et des luttes auxquelles il est difficile de résister, alors surtout qu'un temps insuffisant n'a point permis aux racines d'acquérir la force nécessaire.

Par conséquent, il faut qu'un Comptoir se compose d'éléments existant déjà; que les hommes appelés à le gérer soient connus dans le pays, et que les membres qui le constitue aient, autant que possible, une existence commerciale dans la localité même où le Comptoir doit être établi.

Un Comptoir, en somme, doit être institué par une Société nouvelle composée d'un nombre d'adhérents aussi grand possible, et puisant auprès de ses membres les éléments d'action et de crédit dont il a besoin.

L'utilité qu'il y a pour un Comptoir d'être composé d'une réunion de négociants et de banquiers paraîtra plus évidente, si l'on donne une idée de la manière de travailler qu'un Comptoir doit adopter.

Admettons que dix ou douze parmi les meilleures maisons d'une localité se réunissent pour instituer un Comptoir.

Supposons que le capital jugé nécessaire s'élève à une somme équivalente à un million de francs.

Ce capital pourrait être divisé en cent parts.

Chacun des adhérents souscrirait pour la quantité de parts, dont il lui conviendrait d'assumer la responsabilité.

L'obligation prise par chacun des associés de verser, le cas échéant, sa quote-part du capital suffirait pour que le Comptoir fût constitué. Cette obligation, émanant de bonnes maisons de commerce vaudrait autant et peut-être mieux que des versements en espèces, car ces versements imposeraient au Comptoir la charge de faire valoir immédiatement les fonds reçus, et de s'exposer à faire des emplois douteux.

Toutefois, pour rendre l'association plus effective qu'elle ne le serait par une simple adhésion, une somme équivalente à 5 ou 10 0/0 du capital devrait être versée en espèces par tous les membres composant un Comptoir.

Cette somme servirait aux premières dépenses de l'établissement et à l'acquittement des frais de transport, de douane et autres que coûtent les marchandises reçues en consignation.

Le Comptoir, une fois constitué et agréé par l'Union manufacturière de France, recevra les marchandises qu'il aura eu soin de demander comme un négociant commissionnaire reçoit les consignations qui lui sont faites, à la charge d'en soigner le meilleur et plus prompt placement.

Quant à la manière de s'y prendre pour vendre le mieux et le plus promptement possible, il est évident qu'on ne saurait d'avance établir une règle générale pour tous les pays. Chaque Comptoir, en suivant les habitudes commerciales de sa localité, sera le meilleur juge de ce qui lui conviendra de faire pour la vente immédiate des marchandises reçues.

Cependant il n'est pas inutile de faire observer qu'une des conditions essentielles de la préférence donnée aux Comptoirs pour les envois de l'Union manufacturière de France est la promptitude des retours.

Or, les ventes dans beaucoup d'endroits se font à des termes très-longs. Si à ces longs termes, consacrés par les usages locaux, on ajoute le temps qu'il faudrait attendre pour que les demandes des consommateurs se produisissent, les transactions ne sauraient jamais devenir aussi actives qu'on les voudrait.

Pour obvier à cet inconvénient, il faudrait que chaque Comptoir fît d'habitude des ventes publiques à l'enchère.

Les différents lots de marchandises devraient être suffisamment assortis; mais chacun d'eux ne devrait s'élever qu'à une somme modeste pour faciliter les achats des petits marchands de l'endroit.

Les mises à prix auraient pour base la limite même fixée par les expéditeurs français.

La condition principale et essentielle de la vente serait un paiement immédiat en espèces. Toutefois cette condition étant de nature à éloigner beaucoup d'acheteurs, il serait fait une exception à cette règle générale quand les enchérisseurs se serviraient pour leurs achats de l'entremise d'un des membres du Comptoir comme d'un acheteur à commission.

Les achats ainsi faits seraient réglés suivant les usances locales, ou suivant conventions particulières, par des billets des acheteurs à l'ordre du membre intermédiaire, et passés par celui-ci à l'ordre du Comptoir, qui, à son tour, se servirait de ces effets, soit pour des avances à faire aux exportateurs qui se disposeraient à envoyer des marchandises en

consignation à la Société française, soit pour se procurer, en les escomptant sur place, de l'or, de l'argent, ou des effets à remettre à Paris.

Les marchandises non vendues à l'enchère publique seraient confiées aux soins de celui ou de ceux parmi les membres du Comptoir qui, par la spécialité de leur commerce habituel, ou par leurs relations dans les pays environnants, sont le plus à même de trouver de ces marchandises un placement prompt et avantageux.

Ces ventes, faites à commission par le membre consignataire, seraient pour celui-ci une source de profits, dont il aurait exclusivement la jouissance.

Les membres consignataires feraient au Comptoir des avances sur le produit futur de ces marchandises, soit en numéraire, soit au moyen d'effets de portefeuille ou de leurs billets à ordre.

Le Comptoir serait de la sorte mis à même de faire à l'Union manufacturière de France des retours, dont la promptitude amènerait de nouvelles et plus importantes consignations.

Par la marche à suivre qu'ici on indique, autant pour la constitution d'un Comptoir que pour la manière de procéder dans les ventes qu'il doit faire, il est facile de voir que les associés composant un Comptoir, moyennant un petit versement en espèces, peuvent obtenir des bénéfices annuels très-considérables pour eux-mêmes individuellement, aussi bien que pour leur société.

Ceux parmi les associés qui s'occupent exclusivement d'affaires de banque trouveraient également l'occasion de réaliser des profits soit par l'escompte des effets donnés en paiement au Comptoir, soit par les différentes opérations de changes, auxquelles ils seront appelés à servir d'intermédiaires.

Enfin tous les membres d'un Comptoir pourraient, à l'occasion, et garantis solidairement par celui-ci, obtenir de la Société française des facilités de crédit pour les opérations qu'individuellement ils auraient à faire directement ou indirectement avec Paris.

TROISIÈME APPENDICE

DU CONSEIL D'ADMINISTRATION

DE

L'UNION MANUFACTURIÈRE DE FRANCE

On pense avec raison qu'une Société qui se propose d'étendre ses affaires en tous pays, et de présider aux échanges de marchandises d'une variété très-grande, exige de la part de ceux qui doivent l'administrer des connaissances étendues et une aptitude qu'il peut être très-difficile de rencontrer. On conclut naturellement que le mécanisme imaginé pour la constitution et la manière de travailler de la Société, tout en étant très-ingénieux, ne peut pas être utilement mis en mouvement par suite de la difficulté de trouver des hommes capables d'en faire mouvoir convenablement tous les ressorts.

Cette crainte, si elle était justifiée, serait en effet de nature à éloigner de l'idée de mettre en œuvre l'association projetée toute personne, qui ne se tient pas pour satisfaite d'une pensée vague, lorsque les moyens de la réaliser sont reconnus impossibles, ou tout au moins d'une difficulté extrême.

Il est hors de doute que l'*Union manufacturière de France* doit être administrée par des hommes d'une capacité constatée. Mais il ne faut pas perdre de vue que l'Administration doit être composée de huit membres, dont un censeur; et que tous ces administrateurs, choisis par les actionnaires eux-mêmes parmi les associés éligibles, seront à coup sûr des négociants ou des fabricants ayant déjà montré dans leur propre négoce l'intelligence, la sagesse et l'aptitude, qui sont indispensables aux affaires commerciales. Leur élection même sera un indice de leur bonne renommée et des capacités dont chacun d'eux a dû déjà fournir des preuves éclatantes.

Ajoutons que si un homme peut ne point posséder à lui tout seul toutes les qualités requises pour l'administration d'une entreprise nouvelle très-importante, il y a, dans la réunion de plusieurs individus d'une valeur incontestable, un gage certain qu'ils se compléteront les uns par les autres, et que l'assemblage de leurs aptitudes diverses formera un conseil capable et digne sous tous les rapports de gérer les intérêts imporsants qui lui seront confiés.

Ce Conseil d'Administration, tout en étant par lui-même capable de bien diriger les affaires sociales, s'entourera de la collaboration d'officiers instruits, expérimentés, actifs et zélés. Ces officiers pourront être souvent consultés. Ils donneront, chacun pour sa spécialité, leur concours, et viendront en aide au Conseil par leurs intéressants avis.

Il ne faudrait pas croire cependant que la gestion de la Société en projet soit beaucoup plus difficile que la gestion d'une maison de commerce quelconque. Il ne s'agit pas, en effet, pour l'*Union manufacturière*, de courir les chances de l'imprévu, et d'inventer chaque jour des affaires nouvelles. Au contraire, elle doit, suivant la nature et le but de son institution, par la continuité et la persistance des mêmes opérations, creuser le long de la voie qu'elle suivra, de profondes ornières qui la guideront, et l'empêcheront de s'engager dans des chemins inconnus et dangereux.

D'ailleurs, la multiplicité et la certitude des informations qui lui seront données par les agents, par les comptoirs, par les contrôleurs et par une foule de correspondants étrangers à la Société, serviront à l'Administration de base à tous ses actes.

Les notions sur les choses ou sur les circonstances particulières, qui par hasard feraient défaut aux administrateurs, il leur sera facile de les acquérir, grâce aux nombreuses relations que la Société a pour but de se créer.

En résumé, ce serait à tort qu'on verrait dans les difficultés administ atives une impossibilité d'atteindre au développement progressif de la Société. Ces difficultés, tout en étant considérables, ne sont pas supérieures à celles qu'on rencontre dans toute affaire commerciale de quelque importance.

QUATRIÈME APPENDICE

DES COMITÉS COADJUTEURS

DE

L'UNION MANUFACTURIÈRE DE FRANCE

Il y a dans la constitution d'un grand établissement commercial des nécessités qui n'apparaissent qu'au moment même de mettre en œuvre le projet qu'on a conçu.

Ce sont des questions de détail, ou pour mieux dire des moyens d'exécution qui, sans altérer les bases de l'entreprise, doivent en compléter tous les développements

Une de ces nécessités qui a surgi après coup est celle d'établir dans chacun des principaux centres de production, en France, un comité coadjuteur ayant pour but :

1° *D'aider de sa coopération les fondateurs de l'entreprise; pour répandre autour de lui la connaissance des avantages que doit fournir le nouvel établissement commercial, et d'y amener le plus grand nombre possible d'adhérents, autant pour la constitution primitive, que plus tard et quand il s'agira d'émettre des actions nouvelles;*

2° *De se constituer auprès de l'Administration de la Société, représentant des intérêts collectifs des manufacturiers et des négociants de la localité, en tant que ces intérêts pourraient se trouver en opposition avec ceux d'autres villes:*

3° *Enfin de servir de noyau pour la formation d'un syndicat destiné à constituer un comptoir local pour la réception, la manutention et la vente des différentes marchandises que la Société pourrait être dans le cas de lui envoyer parmi celles que la Société reçoit en consignation. soit de l'étranger, soit d'autres villes de France.*

Ces comités doivent être composés de trois membres au moins, de sept au plus. Autant que possible, ceux qui composeront un comité seront choisis parmi les hommes les plus recommandables de la localités et les plus influents. — Leurs fonctions seront gratuites.

Les membres d'un comité coadjuteur éliront entre eux un président et un secrétaire, afin de régulariser leur action et leurs travaux.

Les personnes qui, par leur dévouement au bien du pays, mettront leur activité et leur zèle au service de l'entreprise commerciale nouvelle acquerront naturellement sur ses actes, sur sa marche et sur ses futurs succès, une grande et légitime influence.

FIN

www.ingramcontent.com/pod-product-compliance
Ingram Content Group UK Ltd.
Pitfield, Milton Keynes, MK11 3LW, UK
UKHW021112260726
13994UKWH00002B/850